AF414648

Enciclopedia de los misterios
vol. 5

Phillips Tahuer
Ediciones Afrodita

Copyright © 2023 Ediciones Afrodita
Todos los derechos reservados
Portada: pixabay

Índice:

Introducción

Introducción:

Desde el día que inició su vida en la tierra, al ser humano, siempre, le han surgido inquietudes en su mente, que nacen a medida que interactúa con su entorno. A la par de los interrogantes que se suman, el mecanismo de la razón busca las respuestas, a veces de manera científica, otras... sin lógica aparente. Cabe aclarar, que ambas soluciones suelen calmar por igual al ánimo inquieto del hombre.

Con el paso del tiempo, el avance tecnológico y el surgimiento de situaciones científicas y de investigación, en vez de aminorar la ansiedad por lo desconocido, han permitido explorar más allá de lo antiguamente imaginado, abriendo más puertas con preguntas que buscan ser aclaradas.

Es interesante saber que, en este proceso evolutivo, han surgido algunas preguntas para la humanidad para las que nadie ha encontrado solución, y que se mantienen en ese estado, al punto que muchos creen que jamás las tendrán. ¿Se conocerá alguna vez los tres principales interrogantes que se hace el humano?: Quienes somos, de dónde venimos y hacia dónde vamos.

No son pocos los casos en los que la humanidad se ha encontrado con incidentes diametralmente opuestos al sentido común y que suelen asemejarse a situaciones imaginarias que no pueden explicarse en términos del pensamiento humano, concreto y razonable. Crímenes sin resolver, coincidencias y muchos otros enigmas contribuyen a la presencia de misterios en la narración de las historias humanas. Todo misterio, sin embargo, está abierto al descubrimiento de la verdad que se esconde detrás de cada una de sus versiones. Pero también existen aquellos casos en los que los secretos del mundo no se han resuelto aún y están a la espera del proceso de conclusión. En este libro, que forma el volumen 5 de la "Enciclopedia de los Misterios" abordaremos algunos de ellos.

1.   Idiomas que no han sido decodificados

A veces la historia es como una baraja de naipes, puede aportar una carta ganadora. En arqueología, un momento similar se dio cuando se descubrió "La piedra de Rosetta".

Este bloque de piedra con inscripciones en tres idiomas fue descubierto por un oficial francés en 1799 durante la expedición egipcia de Napoleón cerca de la ciudad de Rašīd (en francés: Rosette) en el delta del Nilo. Según una versión, la piedra se encontró al demoler una muralla. Este bloque de piedra cuenta con una inscripción trilingüe, que data del año 300 a.C., y que honra al faraón Ptolomeo V. Contiene el mismo texto en tres idiomas (jeroglífico, demótico y griego) permitiendo a través de la comparación entender el idioma egipcio antiguo.

Sin embargo, existen otros idiomas antiguos que no han tenido la suerte de tener su "piedra Rossetta" y por lo tanto siguen sin ser decodificados y mantienen a las mentes de los científicos ocupadas hasta la actualidad:

La civilización del valle del Indo fue una de las más avanzadas del mundo durante más de 500 años, con más de mil asentamientos que se extendieron a lo largo de 250 mil millas cuadradas de lo que ahora es Pakistán y el noroeste de la India desde el 2600 a.C. hasta el 1900 a.C. Tenía varias ciudades grandes y bien planificadas como Mohenjo-daro, con una iconografía y una escritura que nadie ha podido entender.

En Nature, Andrew Robinson analiza las razones por las que la escritura del valle del Indo ha sido tan difícil de descifrar y detalla algunos intentos recientes para lograrlo. Como no sabemos nada sobre el idioma subyacente y no hay una piedra de Rosetta multilingüe, los estudiosos han analizado su estructura en busca de pistas y la han comparado con otras escrituras. La mayoría de los indólogos piensan que es una escritura "logosilábica" como la cuneiforme sumeria o los glifos mayas. Pero no están de acuerdo sobre si era un idioma hablado o un sistema completo de escritura; algunos creen que representó solo una parte de un idioma del Indo, escribió Robinson.

Un equipo ha creado el primer corpus electrónico disponible públicamente de textos del Indo. Otro, dirigido por el informático Rajesh Rao, analizó la aleatoriedad en las secuencias del guion. Sus resultados indicaron que es más similar a la escritura cuneiforme sumeria, lo que sugiere que puede representar un idioma.

La escritura del valle del Indo está lejos de ser el único que permanece misterioso. A continuación, los que más inquietan a los arqueólogos:

- **Lineal A**

En 1893, el arqueólogo británico Sir Arthur Evans compró algunas piedras antiguas con misteriosas inscripciones en un mercado de pulgas en Atenas. En un viaje posterior a las excavaciones en Knossos en la isla de Creta, reconoció uno de los símbolos de sus piedras y comenzó un estudio de las tablillas grabadas descubiertas en varios sitios de la isla. Descubrió dos sistemas diferentes, a los que llamó Lineal A y Lineal B. Mientras que el Lineal B fue descifrado a principios de la década de 1950 (resultó representar una forma temprana del griego), el Lineal A, aún no ha sido descifrado.

• **Jeroglíficos cretenses**

Las excavaciones en Creta también revelaron un tercer tipo de sistema de escritura, con símbolos que parecían más pictóricos que los de las escrituras lineales. Algunos de estos símbolos son similares a los elementos en Lineal A. Se supone que la escritura jeroglífica se convirtió en Lineal A, aunque los dos sistemas estuvieron en uso durante el mismo período de tiempo.

• **Guión de Wadi el-Hol**

En la década de 1990, un par de arqueólogos de Yale descubrieron una pared de un acantilado cubierta de graffiti en Wadi el-Hol –Egipto-. La mayoría de las inscripciones estaban en sistemas que podían reconocer, pero uno de ellos no les era familiar. Parece una transición temprana de un sistema jeroglífico a uno alfabético, pero aún no ha sido descifrado.

• **Inscripción de Sitovo**

En 1928, un grupo de leñadores encontró algunas marcas talladas en un acantilado búlgaro. Pensaron que las marcas indicaban un tesoro escondido, pero no se encontró ninguno. Se corrió la voz y pronto algunos arqueólogos echaron un vistazo. Más tarde, el jefe de la expedición fue ejecutado por ser considerarlo un agente secreto de los soviéticos en Bulgaria. Una de las pruebas utilizadas en su contra fue un extraño mensaje codificado que había enviado a Kiev; en realidad, una copia de la inscripción del acantilado, para que sus colegas pudieran ayudarlo a descifrar. No está claro qué idioma representa la inscripción. El tracio, el celta, el sarmato-alanio y el eslavo son algunas de las posibilidades que han defendido los estudiosos. Otra sugerencia es que es simplemente una formación rocosa natural.

•   Escritura olmeca

Los olmecas fueron una antigua civilización mexicana mejor conocida por las estatuas que dejaron: las llamadas "cabezas colosales". En 1999, su sistema de escritura fue revelado cuando los constructores de carreteras desenterraron una tablilla de piedra con inscripciones. La tableta muestra 62 símbolos; algunos parecen maíz o insectos, y otros son más abstractos. Se ha fechado en el año 900 a.C., lo que lo convertiría en el ejemplo más antiguo de escritura en el hemisferio occidental.

•   Piedra de Singapur

Había una vez una losa gigante grabada hecha de piedra arenisca en la desembocadura del río Singapur. Había estado allí durante aproximadamente 700 años cuando, en 1819, los trabajadores la descubrieron mientras limpiaban los árboles de la jungla. Algunos eruditos le echaron un vistazo antes de que volara en pedazos para dejar espacio para un fuerte que protegiera los asentamientos británicos. Las partes que no terminaron en el río finalmente se usaron para grava de caminos, aunque se salvaron algunos fragmentos. La escritura no ha sido descifrada, pero ha habido varias sugerencias sobre qué idioma podría representar: ceilanés antiguo, tamil, kawi, javanés antiguo o sánscrito.

•   **Rongorongo**

Cuando los misioneros llegaron a la Isla de Pascua en la década de 1860, encontraron tablillas de madera talladas con símbolos. Preguntaron a los indígenas rapanui qué significaban las inscripciones y les dijeron que ya nadie sabía. Los rapanui utilizaron las tablillas como leña o carretes de pesca y, a finales de siglo, casi habían desaparecido. Rongorongo está escrito en direcciones alternas; se lee una línea de izquierda a derecha, luego se gira la tableta 180 grados y se lee la siguiente línea.

•   **Protoelamita**

Este antiguo sistema de escritura se utilizó hace más de 5000 años en lo que ahora es Irán. Escrita de derecha a izquierda, la escritura no se parece a ninguna otra escritura antigua. Si bien los protoelamitas parecen haber tomado prestada la idea de un lenguaje escrito de sus contemporáneos mesopotámicos, aparentemente inventaron sus propios símbolos y no se molestaron en seguirlos de manera organizada, manifestó el experto en protoelamita y académico de la Universidad de Oxford Jacob Dahl. Por esa época, él y sus colegas de Oxford pidieron ayuda al público para descifrar el protoelamita. Lanzaron imágenes de alta calidad de estas tablillas de arcilla cubiertas de por los símbolos, con la esperanza de que el crowdsourcing pudiera decodificarlas. Ahora una colaboración que involucra a varias instituciones, se encuentra en curso.

2.   Descubrimientos inquietantes

Nuestro planeta está lleno de varios misterios y descubrimientos que son únicos y misteriosos a su manera. Cada uno de estos hallazgos está relacionado con un área específica y, sorprendentemente, los impresionantes avances de varias ciencias no han tenido mucho impacto en aclarar las incertidumbres relacionadas con ellos.

Por supuesto, se siguen descubriendo fenómenos misteriosos en todo el mundo, y cuanto más buscamos dentro de nuestro planeta, más preguntas sin respuesta tenemos; preguntas que fortalecen la motivación de los científicos para una investigación extensa, y cada una a su vez moviliza las fronteras de la ciencia.

A continuación, vamos a repasar algunos de los descubrimientos más extraños y misteriosos de la historia de la humanidad que desafían las creencias de los científicos sobre el planeta tierra y los fenómenos que lo rodean:

- **La antigua ciudad de Sacsayhuaman**

Sacsayhuaman es sin duda uno de los lugares históricos más sorprendentes del mundo, que es famoso por las piedras extremadamente pesadas y grandes que se utilizaron en su construcción, además de su notable historia.

Esta antigua ciudad se encuentra en Perú y, sorprendentemente, no se utilizó mortero para unir sus piedras. Estas partes están talladas de una manera extraña y colocadas una encima de otra de tal manera que no cabe ni una hoja de papel entre ellas. Hay piedras de hasta 8.5 metros de altura y casi 200 toneladas de peso, las cuales, ni siquiera con la tecnología actual se podrían trasladar. Se dice que el propósito de hacer estas murallas, consistía en realizar diversas ceremonias.

- **Puerta del sol**

La majestuosa Puerta del Sol está ubicada en el sureste del lago Titicaca en Bolivia. En una meseta continua de más de 20 kilómetros, se encuentra un sitio cultural preincaico, la antigua y misteriosa ciudad de Tiwanaku famosa por su gran cantidad de exquisitas construcciones megalíticas. Los edificios del sitio aún están intactos, rodeados de sólidos muros de piedra con escalones que conducen al interior. La Puerta del Sol es considerada como un símbolo. Mide 3,05 metros de alto, 3,96 metros de ancho y pesa unas 12 toneladas.

En ella están grabados patrones extremadamente finos. Se dice que, al amanecer del 21 de septiembre de cada año, el primer rayo de sol siempre sale a tiempo desde el centro de la puerta.

¿Por qué los antiguos Incas construyeron esta enorme puerta de piedra a un precio tan alto? El arqueólogo estadounidense Humbert Bennett utilizó el método de excavación jerárquica para demostrar que la Puerta del Sol se construyó en el milenio d.C. El antecesor de este lugar fue un santuario religioso, donde los peregrinos viajaban miles de kilómetros para participar en ceremonias religiosas, que pueden haber sido construidos por peregrinos. Es muy probable que los soles formen parte del templo, pero para construir un templo de este tamaño se requiere un equipo de más de 20.000 personas. Y en ese momento, no había ninguna ciudad que pudiera resolver el alojamiento y la comida del equipo. Algunas personas comenzaron a especular que la puerta del sol podría haber sido construida por extraterrestres, y que sería la entrada a través de la cual el espacio exterior ingresa a la tierra. La especulación sobre la Puerta del Sol sigue fermentando, solo podemos depositar nuestras esperanzas en el continuo desarrollo de la ciencia y la tecnología y la continua excavación de materiales arqueológicos.

- **Cuevas de Longyou**

Es un complejo de 24 cuevas artificiales, construidas en la geología de arenisca de Fenghuang Hill en la provincia china de Zhejiang. Las cuevas fueron descubiertas por accidente en 1992, cuando los granjeros locales drenaron varios estanques revelando cinco grandes cavernas hechas por el hombre y 19 cuevas más pequeñas.

Las cinco cavernas, independientes entre sí, miden entre 18 y 34 metros, alcanzando alturas de hasta 20 metros con pilares de soporte y formas distintivas notablemente curvadas con huellas temblorosas en las paredes y techos de la caverna.

Después de que la noticia del descubrimiento se difundiera por toda China, se propuso por primera vez que las cuevas eran una oscura maravilla natural, ya que el diseño y la formación eran completamente distintos de otras cuevas, canteras, minas o cavernas ceremoniales antiguas construidas en China a lo largo de la antigüedad.

Luego de un estudio más detallado, se encontró que cada caverna completa tiene solo un portal, asociado con un eje vertical con una escalera tallada que permite que la lluvia superficial ingrese a las cavernas. Para manejar la toma de agua, se esculpió en la base de la caverna un sistema de canales de drenaje, y una trampa de agua para su recolección.

Las cavernas también están alineadas a lo largo de una orientación de sur a suroeste, lo que maximiza el uso de la luz solar para iluminar el interior, con paredes laterales inclinadas que reducen la tensión en los techos de las cuevas y evitan el colapso.

Es muy posible que la caverna se haya formado tallando piedras de roca de arriba hacia abajo, y capa por capa usando cinceles cortos de bronce de diferentes tamaños (descubiertos en una de las cuevas más grandes).

La pregunta sobre quién, cuándo y por qué se crearon las cuevas de Longyou sigue siendo una investigación en curso por parte de arqueólogos y académicos desde su primer descubrimiento inicial.

Se han encontrado pocos registros históricos o evidencia fechable para responder a cualquiera de estas preguntas, y solo un poema chino de Yu Xun, escrito en el siglo XVII, proporciona alguna procedencia documentada.

Los arqueólogos han recuperado vasijas de arcilla vidriada en los suelos limosos del suelo de la caverna, que datan de la dinastía Han occidental desde el 206 a.C. hasta el 23 d.C., lo que sugiere que las cuevas se construyeron antes y datan de hace unos 2.000 años.

La razón por la que se construyeron también ha dado lugar a especulaciones de que eran canteras antiguas, un mausoleo, almacenamiento subterráneo, viviendas taoístas, depósitos, campamentos militares aislados, un palacio o un lugar ceremonial para hacer ofrendas a los dioses y antepasados.

Cada teoría tiene un argumento razonable, sin embargo, la escasez de evidencia no puede ser apoyada ni refutada, hasta que más investigaciones puedan arrojar luz sobre sobre el misterio.

• **Ciudad submarina de Yonaguni**
Hay un edificio llamado la ciudad submarina de Yonaguni en Japón, se la conoce como la ciudad de Atlantis en el este de Asia, y algunos expertos creen que su construcción está relacionada con civilizaciones antiguas antes de la edad de hielo.

El descubrimiento de estas estructuras submarinas fue hecho por casualidad por un geólogo llamado Khachiro Arataki, y desde que se hizo pública la existencia, muchos han dicho que, en los últimos años, no se ha informado de un descubrimiento tan maravilloso.

Con estas interpretaciones, como era de esperar, este caso de los extraños descubrimientos de la historia también trae muchas ambigüedades. Los investigadores aseguran que la fecha de construcción del edificio se remonta a 12.000 años, mucho antes de la construcción de las pirámides de Egipto. Por otro lado, la mayoría de los investigadores arqueológicos creen que no hubo una civilización avanzada en la tierra antes de la Edad de Hielo, y que los humanos antiguos no tenían la capacidad de tallar piedras con tanta precisión ¡miles de años antes que los antiguos egipcios!

• **Mohenjo Daro**

El sitio antiguo de Mohenjo Daro, que también se conoce como la colina de los muertos, es una de las obras antiguas de interés para los fanáticos de la teoría de los Antiguos Astronautas. Según esta teoría, los extraterrestres han estado en contacto con humanos en la antigüedad, y una parte importante de la historia humana ha sido formada por ellos.

En este sentido, la causa de la destrucción de este monumento histórico en Pakistán sigue siendo un gran misterio entre los expertos en arqueología y otros científicos, y los teóricos de los antiguos astronautas han dicho que los extraterrestres destruyeron esa ciudad con una bomba atómica.

Mohenjo Daro fue descubierta por arqueólogos indios cerca del río Indo en 1992 y, desde entonces, no se ha obtenido mucha información sobre las personas que vivían en ella y el motivo exacto de su destrucción.

- **La ciudad subterránea de Derinkuyu**

Otro de los ejemplos más llamativos del alto nivel de progreso de la ingeniería antigua es la ciudad subterránea de Derinkuyu en Turquía, que se creó hace miles de años excavando cientos de metros en el suelo.

Localizada en la región de Capadocia, Derinkuyu es conocida por ser la de mayor atracción turística de las 37 ciudades subterráneas abandonadas de esta región. La razón y el método para hacer de este uno de los descubrimientos más misteriosos de la historia es todavía un asunto lleno de ambigüedad, y los ingenieros y arqueólogos de todo el mundo tienen muchas preguntas sin respuesta sobre este hallazgo arqueológico. Algunos dicen que la gente construyó esta ciudad hace miles de años para protegerse de las duras condiciones climáticas e incluso de las guerras; y otros creen que la razón de la existencia de este edificio subterráneo es mucho más complicada y misteriosa de lo que se cree.

- **Esferas de piedra de Costa Rica**

En la pequeña Isla del caño y en el delta del Diquís en Costa Rica hay más de 500 petroesferas de piedra a las que a menudo se hace referencia como las esferas de Diquís, que se han atribuido a la ahora extinta cultura Diquís.

La cultura Diquís surgió en el Valle del Río Grande de Térraba, donde establecieron complejos sistemas sociales, económicos y políticos para gobernar su sociedad.

El asentamiento de la región comenzó durante el período Synancra alrededor del 1500 al 300 a.C. en forma de comunidades agrícolas sedentarias, pequeñas y dispersas, que pueden haber girado en torno a un sistema igualitario con algunos niveles de organización tribal.

Durante el período de Aguas Buenas entre el 300 a.C. y el 800 d.C., los asentamientos desarrollaron una estructura de cacicazgo que gobernaba las divisiones territoriales e intercambiaban bienes con territorios vecinos a través de un sistema de redes comerciales. Durante este período, aparecieron los primeros ejemplos de piedra esculpida que incluyen cilindros de piedra, "barriles", esferas y representaciones de personajes.

Entre los años 800–1500 d.C durante el Período Chiriquí, los asentamientos se convirtieron en grandes comunidades alrededor de las tierras aluviales del río Térraba y sus principales afluentes, construyendo grandes estructuras utilizando cantos rodados, áreas pavimentadas, sitios de entierro y montículos circulares o rectangulares con muros de piedra.

Los Diquís alcanzaron un ápice de desarrollo cultural durante este período, creando elaborados objetos de cerámica, hueso y oro, y esculpiendo esferas de piedra en zonas importantes dentro de los asentamientos. También se colocaron esferas de piedra en alineaciones en plazas públicas, o a lo largo del acceso a las viviendas de la élite gobernante o caciques.

Las Esferas de Diquís varían en tamaño desde unos pocos centímetros hasta más de 2 metros de diámetro, y en su mayoría están hechas de gabro, una roca ígnea de grano grueso, que es similar al basalto, con algunos ejemplos de piedra caliza y arenisca. Fueron esculpidas martillando rocas en una forma esférica cruda utilizando rocas más densas, y luego se terminaron puliendo la superficie de la piedra con arena.

Con la llegada de los españoles a la región en el siglo XVI d.C., los exploradores europeos mencionaron en los relatos contemporáneos grandes esferas de piedra en las comunidades que encontraron.

Para el año 1570 d.C., una expedición de Perafán de Ribera se sumó al misterio cuando dio indicios en sus informes de asentamientos indígenas, sugiriendo en ese momento que las grandes comunidades de Diquís habían abandonado sus hogares o habían muerto por razones desconocidas (posiblemente a través de las enfermedades infecciosas introducidas en el continente por los españoles).

Las esferas permanecieron olvidadas, hasta que fueron redescubiertas en la década de 1930 por la United Fruit Company mientras limpiaban la jungla para dar paso a las plantaciones de banano.

Hace algún tiempo, se difundió el rumor entre la gente local de que había tesoros extremadamente valiosos escondidos dentro de los orbes. Estas conversaciones provocaron la destrucción de un número considerable de piedras, y las personas que no se preocuparon mucho por el valor histórico de estas antigüedades, como era de esperar, no encontraron ningún tesoro en el corazón de las piedras.

Sorprendentemente existen objetos similares en el país de Bosnia y Herzegovina en Europa, el motivo de su construcción, al igual que las esferas de Costa Rica, aún se encuentra en un aura de ambigüedad.

3.   Misterios en internet

Hay misterios que incluso se encuentran en la propia internet -lugar donde uno se dirige a consultar- y que a los usuarios los han dejado desconcertados.

Según Reporters Club, citado por unbelievable-facts, en la era digital actual, Internet tiene una respuesta para todas nuestras preguntas. Si buscamos cualquier término o rompecabezas, definitivamente encontraremos una solución. No obstante, aquí citaremos algunos extraños misterios que aún aguardan ser resueltos:

- **Bitcoin**

Satoshi Nakamoto es el seudónimo de quien o quienes escribió el documento técnico original de Bitcoin, y es la identidad a la que se atribuye la invención de Bitcoin.

Varias personas han afirmado o se cree que son Satoshi, pero su verdadera identidad nunca ha sido verificada o revelada. Dado el precio de BTC hoy, Satoshi sería multimillonario porque se rumorea que tiene casi 1 millón de BTC.

La personalidad de Satoshi Nakamoto parecía estar involucrada en los primeros días del Bitcoin, trabajando en la primera versión del software en 2007. La comunicación hacia y desde Nakamoto se realizó por correo electrónico. La falta de detalles personales y de antecedentes significaba que era imposible averiguar la identidad real detrás del nombre.

Sin embargo, la participación de Nakamoto con Bitcoin terminó en 2010. La última correspondencia que alguien tuvo con Nakamoto fue en un correo electrónico a otro desarrollador de criptografía diciendo que se había "pasado a otras cosas". La incapacidad de ponerle cara al nombre ha llevado a especulaciones significativas sobre la identidad de Nakamoto, especialmente porque las criptomonedas han aumentado en número, popularidad y notoriedad.

Satoshi Nakamoto publicó un artículo en 2008 que introdujo la criptomoneda a una audiencia mucho más amplia, iniciando su ascenso a la popularidad.

La criptomoneda no era una idea nueva en ese momento; habia más de unos pocos intentos de crear una moneda digital. Sin embargo, Bitcoin abordó un problema importante. Una moneda o token digital podría duplicarse en múltiples transacciones; esto no se encuentra en las monedas físicas, ya que un billete o moneda física solo puede existir en un lugar a la vez.

Debido a que una moneda digital no existe en el espacio físico, usarla en una transacción no necesariamente la elimina de la posesión de alguien. Como resultado, podría gastarse más de una vez, lo que hace que se denomine el problema del "doble gasto".

Históricamente, las soluciones para combatir el problema del doble gasto habían implicado el uso de intermediarios externos confiables que verificarían si su titular ya había gastado una moneda digital. En la mayoría de los casos, los terceros, como los bancos, podrían manejar transacciones de manera efectiva sin agregar un riesgo significativo.

Satoshi Nakamoto puede no ser una persona real. El nombre puede ser un seudónimo del creador/es del Bitcoin que desean permanecer en el anonimato.

El análisis de la cadena de bloques de Bitcoin ha ayudado a deducir qué direcciones son probablemente las de Satoshi Nakamoto con un grado de certeza relativamente alto. Según el análisis en cadena de Sergio Demián Lerner, científico jefe de RSK Labs, Satoshi tiene alrededor de 1 millón de bitcoins. Estas direcciones se remontan al comienzo de Bitcoin en 2008.

El anonimato probablemente fue la única opción para los creadores de Bitcoin. Si se conocieran las identidades, es probable que la publicidad cambiara la vida del creador. También es muy posible que sean el objetivo de los delincuentes, por lo que sería mejor si permanecieran en el anonimato.

- **Rompecabezas de cigarra 3301**

Es quizás lo más enigmático e intrigante de Internet, que promete una "epifanía" cuando lo resuelvas. Nadie sabe quién lo estableció o cuál es el premio al final, pero Cicada (cigarra) 3301 ha publicado acertijos misteriosos y extremadamente difíciles durante tres años seguidos, en un intento de reclutar e iluminar a los mejores criptoanalistas del público.

El primer rompecabezas de Internet comenzó el 5 de enero de 2012 y duró aproximadamente un mes. Una segunda ronda comenzó exactamente un año después, el 5 de enero de 2013, y también se estableció una tercera ronda en 2014. Afirmando, el creador o creadores, que buscaba "individuos altamente inteligentes", el rompecabezas Cicada 3301 desafió a los visitantes a encontrar un mensaje secreto oculto en la imagen que lo acompañaba.

¿Qué es exactamente Cicada 3301? Incluso el nombre es críptico: un insecto y un número primo aparentemente sin sentido, ¿qué significa todo esto? No lo sabemos, y pocas personas en el mundo lo saben. Sus autores publicaron un aviso como éste:

"Hola. Estamos buscando personas altamente inteligentes. Para encontrarlos, hemos ideado una prueba. Hay un mensaje escondido en la imagen. Encuéntralo y te guiará por el camino para encontrarnos. Esperamos conocer a los pocos que lograrán llegar hasta el final. Buena suerte."

Estos son rompecabezas muy difíciles y muy crípticos. Para comprender cuán difíciles son, debes observar la complejidad de cada pista que conduce a las sucesivas partes del rompecabezas, que deben completarse para resolver el misterio de Cicada. Cada mensaje conduce a un rompecabezas, cada rompecabezas más difícil que el anterior.

Tal vez lo primero que se piense es: ¿no es todo un engaño? ¿No podría ser un troll de Internet muy elaborado, que se ríe y hace que todas estas personas resuelvan sus acertijos? Eso es muy poco probable. A lo largo de la prueba, varias pistas han requerido que los participantes viajen a varios lugares para recuperar la siguiente pista; los lugares incluyen varias ubicaciones en los EE. UU., así como Australia, Granada (España), Moscú (Rusia), Okinawa (Japón), Varsovia (Polonia) y París (Francia). Estas pistas aparecieron prácticamente al mismo tiempo, sugiriendo un proyecto organizado. Además, la complejidad de los acertijos y la variedad de medios en los que se publicaron sugiere una organización ingeniosa, dispuesta a gastar mucho dinero para su fin, por lo que no es un troll de Internet. Los medios mencionados incluían teléfono, música original, CD de arranque de Linux, imágenes digitales, letreros de papel físicos y páginas de libros crípticos inéditos.

¿Podría ser una organización de primer nivel, como la CIA, el MI6 o alguna otra organización? Ciertamente tienen los recursos para ello, pero eso también es muy poco probable. Si bien estas organizaciones llevan a cabo formas no convencionales de reclutar personas de la población general, siempre lo hacen público. Anuncian el concurso, anuncian para qué es, es un procedimiento muy diferente.

La otra posibilidad es que los bancos que trabajan con criptomonedas estén detrás de Cicada, pero eso también es poco probable, debido a la naturaleza de los acertijos. Los acertijos son todos... rebeldes, defendiendo (más o menos sutilmente) el derecho a la privacidad, una lucha contra un sistema de control como el de 1984, más o menos lo contrario de lo que cabría esperar de los bancos.

El primer acertijo se publicó en 2012, inicialmente en uno de los tableros de 4chan, que posiblemente sea uno de los mejores lugares donde se esperaría que apareciera algo como esto.

Joel Eriksson, un investigador y desarrollador de criptoseguridad de Suecia, es una de las pocas personas conocidas que casi lo resolvió por completo. Para descifrar el código oculto en la primera imagen, utilizó un software de esteganografía para extraer un mensaje codificado con un cifrado de desplazamiento: cada letra corresponde a otra letra. Después de descifrar el cifrado, lo llevó a una URL con la imagen de un pato.

Aquí, otro enfoque esteganográfico reveló un código de libro oculto de una lista de dos números separados por dos puntos. Luego, el libro llevó a una dirección de Reddit con números mayas en la parte superior de la página. Las cosas empezaban a ponerse cada vez más complicadas. Se dio cuenta de que varias publicaciones publicadas por un usuario parecían consistir en texto codificado, que podía decodificarse con el código del libro. Después de trabajar con este código, se le condujo a dos imágenes diferentes, que también contenían mensajes ocultos, que finalmente lo llevaron a un número de teléfono en Texas. Llamar al número de teléfono condujo a un mensaje de voz que decía:

"Muy bueno. Lo has hecho bien. Hay tres números primos asociados con la imagen final, 3301 es uno de ellos. Tendrás que encontrar a los otros dos. Multiplique los tres números juntos y agregue un .com para encontrar el siguiente paso. Buena suerte. Adiós."

Después de hacer los cálculos, llegó a una URL que le decía que regresara en un momento determinado. Cuando lo hizo, la URL reveló una serie de números, que eran coordenadas GPS de postes telefónicos en países de todo el mundo, incluidos España, Rusia, Estados Unidos, Francia, Japón y Polonia. Por supuesto, no es posible viajar por todo el mundo y buscar códigos, por lo que tuvo que depender de la ayuda de otras personas que trabajaban en los acertijos de Cicada. Resultó que las coordenadas GPS arrojaron códigos QR que conducen a otras dos imágenes, dentro de las cuales había más texto oculto, incluido el texto que Eriksson descubrió que era el poema Agrippa de William Gibson, que solo se publicó en disquetes de 3,5 pulgadas.

Usando el mismo código del libro anterior que usó en Reddit, pasó por otra serie de acertijos (incluido un poema de una colección de manuscritos galeses medievales) y lo llevaron a un sitio web en la red Tor, que fue el destino final de los acertijos. Pero el momento no fue el correcto. Cicada 3301 olfateó que personas de todo el mundo estaban colaborando para resolver los problemas, y solo los más rápidos en llegar fueron recompensados. Poco después, se borró y se reemplazó con la declaración "Queremos lo mejor, no los seguidores". Ese año, Cicada había terminado.

Eriksson estaba decepcionado, especialmente porque comenzó a trabajar en los acertijos una semana más tarde que los demás.

- **Vídeo 11 BX-1371**

11 BX-1371 es un video viral publicado en GadgetZZ, un blog tecnológico sueco. Lo estrenaron en 2015. El video muestra a una persona vestida como un médico de la peste, parado frente a un viejo manicomio abandonado.

GadgetZZ explicó que recibió el video en un DVD enviado desde Polonia. Usando un espectrofotómetro, los internautas descubrieron mensajes aterradores de este video.

Las imágenes desagradables del video incluían una gran cantidad de pistas crípticas. Frases como "Matar al presidente" e imágenes ocultas de espectrogramas de escenas de asesinatos reales enloquecieron a muchos detectives aficionados de la web mientras pasaban incontables horas tratando de descifrar su significado general. Una de las imágenes contenía el mensaje "Ahora estás muerto", mientras que otra mostraba un cráneo humano con extraños caracteres a su alrededor. Un hombre con el seudónimo de Parker Warner Wright afirmó ser el realizador del video.

Algunas investigaciones llevaron al Sanatorio Zofiówka en Polonia —el asilo decrépito donde se hizo la grabación—. Eventualmente, el rastro se enfrió, y los cazadores de acertijos tuvieron que descartarlo como una farsa o esperar más instrucciones de la persona que manejaba los hilos.

El nombre de Parker Wright había dado vueltas un poco en los primeros días de la investigación de 11b-x-1371. Era el nombre adjunto a un canal de YouTube que había subido el video del rompecabezas casi al mismo tiempo que algunos otros. No hubo otra actividad en la cuenta de Parker Wright, y cuando un intento de hacer coincidir el nombre con una cuenta de Twitter terminó con una negación pública, otras pistas parecían más prometedoras.

Un mes después de que la mayoría hubiera renunciado a la búsqueda, una cuenta de Twitter completamente nueva parecía estar insinuando algo. Llevando el nombre de Parker Warner Wright, era difícil saber si la persona que manejaba la cuenta tenía algún significado o si era simplemente un engaño que buscaba generar entusiasmo.

El individuo que tuiteó de @ParkerWWright habló como si él o ella fuera el creador del video 11b-x-1371, pero convencer a alguien de ese hecho después de dos meses sin nuevas pistas fue una tarea difícil. A fines de diciembre, docenas de imitadores ya habían inundado YouTube con sus propios clips monocromáticos del médico de la peste, todos intentando reproducir la exageración creada por 11b-x-1371. Sin embargo, Parker Warner Wright prometió demostrar que era el verdadero responsable del rompecabezas.

Sorprendentemente, esa promesa se cumplió con un video rompecabezas completamente nuevo con el médico de la peste original y una gran cantidad de nuevas pistas para desentrañar. Titulado 11b-3-1369, el video hizo dos cosas: confirmó que Parker Warner Wright era el responsable y reveló que 11b-x-1371, a pesar de ser temido como una amenaza real, era una obra de arte. Proporcionó poca evidencia, como fotos de la máscara, la bata y los guantes utilizados en el video. También mostró fotos de los DVD que publicó. Sin embargo, la revelación de Wright no estuvo exenta de escépticos. Al día de hoy no se conoce la identidad del autor.

- **Denigrar los textos de Parallax de Markovian**

Markovian Parallax Denigrate es una colección (cientos) de textos inexplicables publicados en Usenet en 1996.

Los mensajes, que parecen un galimatías, se publicaron con el asunto "Markovian parallax denigrate". En 2012, Kevin Morris de The Daily Dot se refirió a los mensajes como "el misterio más antiguo y extraño de Internet". También ha sido descrito como "uno de los primeros grandes misterios de Internet".

En 2016, se identificó por error a Susan Lindauer como una posible fuente de estas publicaciones; al ser contactada, negó ser la autora. El artículo del Daily Dot que cubre el evento afirma que una cuenta de correo electrónico perteneciente a una estudiante de la Universidad de Wisconsin en Stevens Point, casualmente llamada Susan Lindauer, fue falsificada para cubrir la identidad del cartel.

Las explicaciones propuestas para los textos incluyen un bot de chat o generador de texto experimental temprano, un troll de Internet o un bromista que publica spam en el foro, o un programador que experimenta con las cadenas de Markov. Un artículo posterior sobre el tema publicado por The AV Club propone que el evento solo se convirtió en un misterio debido a la cobertura posterior de los medios.

- **Semicírculo desfavorable**

Es el nombre de una serie de canales en YouTube que llamó la atención por el alto volumen y la naturaleza inusual de los videos publicados. La BBC se ha referido a Semicírculo desfavorable como "el misterio más extraño de YouTube".

En marzo de 2015 se creó una cuenta de YouTube con el nombre Semicírculo Desfavorable. El canal comenzó a subir una gran cantidad de videos el 5 de abril, y los continuó publicando y titulando con el símbolo de Sagitario o un número aleatorio de seis dígitos, o ambos, pero la mayoría carecía de descripción. Los videos a menudo muestran imágenes abstractas y pixeladas. En algunos casos, muestran solo un punto en un campo de color marrón sólido. Algunos videos omiten el sonido, mientras que otros presentan sonidos distorsionados. Algunos videos duran solo unos segundos, mientras que otros son mucho más largos — un video completamente silencioso duró 11 horas.

Debido al volumen de cargas y la naturaleza extraña de los videos, los observadores comenzaron a darse cuenta. Finalmente, se formó una pequeña comunidad en Reddit para investigar el canal. Las especulaciones sobre para qué podría ser el canal incluyen: un juego de realidad alternativa, el trabajo de un individuo con una "mente perturbada", un canal de prueba similar a Webdriver Torso, una estación de números en línea, y arte externo. Según el especialista en seguridad informática Alan Woodward de la Universidad de Surrey, probablemente sea "demasiado complejo" para ser una estación de números, y también es poco probable que sea un acertijo de reclutamiento, ya que generalmente se anuncian de alguna manera.

YouTube suspendió el canal Semicírculo desfavorable en febrero de 2016, poco después de ganar publicidad como resultado de un informe de la BBC al respecto.

• **La canción más misteriosa de Internet**
"La canción más misteriosa de Internet" (frecuentemente abreviada como TMMSOTI o simplemente TMS) es el nombre popular de una canción generalmente reconocida como perteneciente a los géneros New Wave y/o Post-Punk que se cargó por primera vez en varias bases de datos en el año 2007 por "Anton Riedel", quien afirmó haberla escuchado en una radio de Alemania Occidental en algún momento a principios o mediados de la década de 1980. El título de esta canción, la(s) persona(s) que la escribieron, la(s) persona(s) que la interpretaron, y su fecha de composición y lugar de origen nunca han sido identificados positiva e irrefutablemente.

Aunque generó cierta discusión en ese momento y un interés esporádico en los años posteriores, la canción pronto volvió a caer en la oscuridad hasta 2019, cuando Gabriel da Silva Vieira, un adolescente brasileño, publicó en varias docenas de subreddits pidiendo ayuda para identificar la canción y, al hacerlo, acuñó el nombre popular de la misma. Se puso de moda, y el interés aumentó después de que apareció en Tales From The Internet el 9 de julio de 2019. La búsqueda de la canción pronto llegó a Alemania, donde se dice que se transmitió originalmente. El DJ anglo-alemán Paul Baskerville tocó la canción en su totalidad con la esperanza de que los oyentes la reconocieran.

Aunque el fervor y la publicidad alcanzaron un máximo histórico en el otoño de 2019 (con un artículo de en la revista Rolling Stone), no se han encontrado pistas sólidas desde entonces. La mayoría de los involucrados en la búsqueda creen que la canción se emitió a fines de 1984, debido a la tecnología (el sintetizador que se escucha a lo largo de la canción es casi seguro el Yamaha DX7, comercializado a partir de 1983 y ampliamente disponible el año siguiente).

Identificar la canción ha sido difícil debido a su letra indescifrable; las voces se minimizan en la mezcla y se aplica una capa de reverberación, lo que hace que sea difícil distinguir claramente al cantante. También se cree ampliamente que el idioma nativo del cantante (o compositor) no es el inglés debido a las frases forzadas e incómodas en muchos de los pasajes. La investigación continúa.

- **Un pasaje en la cueva**

En un sitio web, un hombre llamado "Ted" publicó sobre un pasaje en una cueva prístina ubicada en un lugar desconocido en los Estados Unidos. Compartió sus extrañas experiencias en la cueva, pero nunca reveló su verdadera identidad. Según algunas personas, era solo una historia ficticia. Sin embargo, nadie sabe con certeza el secreto de esta historia.

Un vídeo de YouTube subido en el año 2016 logró cosechar más de un millón de visitas en apenas 24 horas. El enigma en cuestión es la desaparición de Kenny Veach, un autodenominado «aventurero» de 47 años que, en diciembre de 2014, desapareció explorando una rara caverna («sobrenatural», según los amantes de lo oculto) ubicada en el desierto de Nevada.

Tal como lo explica el propio Veach, definiéndose como un amante del riesgo", en el 2014, explorando un desierto ubicado al sur de Nevada en encontró algo sumamente raro: «Soy explorador. Una vez, durante una de mis excursiones cerca de la Base de la Fuerza Aérea de Nellis, encontré una cueva. La entrada tenía forma de "M". Cada vez que encuentro una caverna, me gusta entrar... pero cuando entré allí todo mi cuerpo empezó a vibrar. Mientras más cerca estaba de la boca de esa cueva, más severa se volvía la vibración en todo mi cuerpo. Al final me asusté y me marché de ahí. Fue una de las cosas más raras que jamás me han pasado», «Me gusta explorar montañas solitarias que la mayoría de personas no pisarían. He estado dentro de más cavernas de las que puedo contar. Juego con serpientes por diversión. Pero esta cueva no es como el resto. Alguna vez volveré, pero llevaré un arma conmigo. Todo lo que tenía entonces era un cuchillo».

Con todo, también hubo usuarios que le aconsejaron no regresar. Uno, incluso, le escribió lo siguiente: «¡No! No vuelvas a ese sitio. Si consigues volver a encontrarla, no entres. Si lo haces, no volverás a salir». Tras los preparativos pertinentes, y tal y como se explica en el vídeo, Veach volvió a la zona con una cámara y una pistola. Así quedó demostrado el 17 de octubre de 2014 cuando subió un clip de 21 minutos a YouTube en el que daba cuenta de su viaje. No halló su objetivo. Pero eso no le detuvo y, algunas jornadas después, afirmó que seguiría con su misión en Nevada, aunque iría por la noche. Desde entonces no se lo ha vuelto a ver.

No son pocos los escépticos que afirman que la historia de Veach fue preparada previamente para hacerse viral en las redes sociales allá por 2014.

- **La desaparición de la mujer coreana**
Una mujer coreana con el nombre de Internet "Chip-Chan" transmitió en vivo su vida en Internet las 24 horas del día, los siete días de la semana. Pero de repente, un día dejó de transmitir en vivo.

Nadie supo qué le pasó. Mientras que algunos afirmaron que era una mujer con una enfermedad mental, otros sintieron que sus videos eran parte de un proyecto de arte. Sin embargo, al igual que los casos anteriores, nada ha sido probado en este caso.

Chip-chan es una mujer coreana que vive en Seúl, de identidad desconocida, descubierta en un hilo sobre webcams desprotegidas en la zona /x/ de 4chan.

Al principio, debido a la larga cantidad de horas que dormía y que lo hacía en formas incómodas, casi sin moverse, los cibernautas llegaron a creer que estaba muerta. Eventualmente, empezó a dar signos de vida, pero su actitud, sus rutinas y los carteles con escrituras extrañas (aparentemente no en coreano) que podían apreciarse en los videos, indicaban que no se trataba de una persona normal.

Tiempo después, los usuarios de la red encontraron su blog. En este, Chip-chan contaba su extraña historia. Según cuenta, en 1999 empezó a ser acosada por un policía corrupto, al que ella se refiere como "P". Este, en algún momento, logró capturarla e implantarle un "microchip" en alguna parte de su cuerpo. El chip permite a "P" tener acceso a todo lo que Chip-chan ve, dice o escucha, además de poder controlar sus patrones de sueño y hacerla dormir en el momento y en donde él lo desee. En 2006, Chip-chan fue consciente de que algo le pasaba y tenía que ver con el secuestro y sus anormales horas de sueño.

Desde 2008, Chip-chan ha estado escribiendo acerca de su historia en Internet. Desde 2009, hay cámaras webcams en distintas partes de su casa, si bien es plenamente consciente de ello, ella no las instaló. Pero, asegura que las mantiene ahí para poder saber qué es lo que sucede durante las horas en que duerme (antes de que le implantaran el chip dormía unas cuatro horas y siempre se levantaba con el despertador, luego, con el chip, empezó a dormir por largos periodos -hasta veinte horas seguidas- y es incapaz de escuchar la alarma).

Raramente, si es nunca, deja su hogar, y no hace más que surfear en la red y dormir. Su apariencia es desaliñada, con mala salud y extremadamente letárgica. Afirma que no puede dejar el apartamento debido al chip implantado, y tampoco ha tratado de contactar con la Policía por temor a que "P" lo averigüe.

El 20 de agosto de 2009, ella notó que a las 10:15 p.m. el reloj de su portátil se detenía. Pero a las 10:30 p.m. volvía a trabajar. Ella supone que cuando el reloj se detiene "P" está haciendo algo con las cámaras. Se dice que cuando la cámara de pronto dejar de funcionar, "P" está apagando el servidor de Internet.

• Puerta del cielo

Heaven's Gate fue un culto OVNI estadounidense con sede cerca de San Diego, California. En 1997, la policía encontró muertos en una casa a 39 miembros de este grupo que, según sus extrañas creencias, se suicidaron para abordar una nave extraterrestre.

Por supuesto, casi 24 años después, el sitio web de la secta sigue en funcionamiento. Nadie sabe quiénes son.

4.   El gran hombre gris de Ben MacDhui

Fear Liath (nombre completo Am Fear Liath Mòr) es el nombre que recibe una criatura humanoide de diez metros de altura que acecha en la cumbre de Ben MacDhui, la segunda montaña más alta de Escocia. También llamado el Gran Hombre Gris de Ben MacDhui. La criatura provoca una sensación incontrolable de miedo o pánico entre los excursionistas que nunca la ven, pero sienten su presencia. El primer avistamiento registrado lo realizó el científico John Norman Collie en 1890, aunque estaba tan asustado que no le contó a nadie sobre el encuentro hasta 1925. Cuando lo hizo, descubrió que otros habían visto la misma criatura en la misma montaña o en al menos sintieron su presencia.

Ha habido muchos otros avistamientos de esta criatura desde entonces, incluido Peter Densham, miembro del equipo de rescate aéreo de Ben MacDhui, y Alexander Tewnion, un naturalista y montañero, quien afirmó haber visto al Hombre Gris. Se cree que el espectro de Brocken, un fenómeno en el que la sombra del observador se proyecta sobre las nubes frente a él y frente al sol, es la causa de estas observaciones, pero esto no explica el sonido aterrador que se escucha ni el par adicional de huellas que se encuentran en el suelo.

5.   Luces Hessdalen

Este fenómeno particular se observó por primera vez en 1811 en el valle de Hessdalen en el centro de Noruega. A principios de la década de 1980, el número aumentó a casi 20 informes separados por semana, pero hoy en día los informes de observaciones no superan los 10-20 por año. Por lo general, las luces son de color blanco o amarillo brillante y se ciernen sobre el suelo.

Se han llevado a cabo varios estudios científicos para encontrar el origen de estas luces, pero no se ha encontrado una explicación totalmente satisfactoria. Se instalaron cámaras alrededor del valle, capturando cualquier luz brillante que apareciera. Los resultados de la investigación para refutar algunos de los casos observados revelaron varias explicaciones lógicas, como los faros de los automóviles y los espejismos, pero no necesariamente todos estos fenómenos pueden explicarse de esta manera.

6.   El gran misterio de la ciudad de Amherst

El gran misterio de Amherst es un notorio caso de actividad poltergeist ocurrido en Amherst, Nueva Escocia, Canadá, entre 1878 y 1879. Fue objeto de una investigación dirigida por Walter Hubbell, actor interesado en los fenómenos psíquicos. Afirmó que llevaba un diario con los hechos ocurridos en la casa donde se hospedaba en alquiler.

Esther Cox, que entonces tenía 18 años, se mudó al encantador pueblo de Amherst, en el condado de Cumberland (ubicado a 194 km de Halifax y a 3 km de la frontera con New Brunswick), donde vivió en una pequeña casa.

Con ella estaba su hermana Olive que vivía con su esposo, Daniel Teed, un zapatero honesto y respetado en la comunidad, y dos niños pequeños, Willie (entonces de cinco años) y George (de 17 meses). También, en la casa vivían sus otras hermanas, Jane y Olive. Al poco tiempo se les sumó su hermano William. La madre de Esther había fallecido, y el padre esperaba encontrar pareja de nuevo. El papel materno fue cubierto por la abuela.

Honesta y generosa, Esther pronto será una gran ayuda para su hermana casada, cuidando de la casa y de los niños. Esther rápidamente se hizo amiga de los vecinos y de los niños del barrio, quienes muchas veces les pedían que jugaran con ellos.

Según el diario de Hubbell, los hechos comenzaron el 27 de agosto de 1878, cuando Esther Cox fue agredida verbalmente por un joven llamado Bob MacNeil. Su hermana Olive ya le había advertido que ella era demasiado crédula con la relación, por lo que había perdido el juicio debido a su enamoramiento. Hubo una pelea entre las dos hermanas que terminó repentinamente con el rechazo de Esther a cualquier discusión que pudiera detener la historia de amor que apenas comenzaba.

Esther ignoró las palabras de su hermana. Esa noche esperó a Bob en las escaleras, algo preocupada, sin sospechar ningún peligro. Pero el chico no apareció y ella subió a la habitación bastante decepcionada. Al día siguiente, Bob apareció en un automóvil, se exculpó por perderse la reunión y la invitó a dar un paseo. En el camino, de repente, el joven se puso muy nervioso y agitado, detuvo el coche y con un revolver la amenazó, diciéndole que la mataría si lo abandonaba. Estaba loco y Esther estaba atónita por el dramático giro de los acontecimientos.

Bob entonces comenzó a llorar. Aterrorizada, Esther le pidió que la regresara a su casa, porque estaba oscureciendo y se acercaba la tormenta.

Esther lloró mucho, subió a su habitación y no despertó hasta el día siguiente. Estaba extremadamente enojada por el desafortunado y triste evento. Estaba llorando a gritos y la familia inicialmente pensó que los dos habían discutido y no intervinieron para no perturbar aún más las cosas. Pero Esther guardó silencio y no dijo una palabra sobre su terrible experiencia con Bob.

Poco después, fenómenos paranormales comenzaron en la casa donde vivían. Hubo puñetazos, gritos en medio de la noche y Esther tuvo todo tipo de ataques, en los que su cuerpo se hinchaba visiblemente, y siempre tenía frío. Entonces, los objetos en la casa comenzaron a volar salvajemente, llevados como por un ser invisible. Asustada, la familia llamó a un médico.

Durante la visita, la ropa de cama se movió sin que nadie presente pudiera intervenir, se escucharon ruidos de rasguños y las palabras: "¡Esther Cox, eres mía para matarte!".

Al día siguiente, el médico le dio a la joven sedantes para calmarla y ayudarla a dormir, pero los extraños fenómenos seguían manifestándose con toda su fuerza.

La gente escuchó muchos ruidos y vio objetos volando por las habitaciones de la casa embrujada. Los intentos de comunicarse con el "espíritu" llevaron a preguntas y respuestas apremiantes.

En diciembre, Esther enfermó de difteria. No se observaron fenómenos paranormales durante las dos semanas que pasó en convalecencia, ni durante el tiempo que se recuperó en la casa de una de las hermanas mayores casadas en Sackville, New Brunswick. Sin embargo, cuando regresó a Amherst, los misteriosos hechos comenzaron de nuevo, esta vez con incendios en varios lugares de la casa.

Esther ahora afirmó haber visto finalmente al "fantasma", quien supuestamente amenazó con quemar la casa si no se iba.

En enero de 1879, desesperada, Esther se mudó a otra familia de la ciudad, pero las manifestaciones paranormales a su alrededor continuaban de manera obsesiva. Hubo muchos testigos horrorizados que los vieron. Algunos revelaron que estaba hablando con el "fantasma" y recibiendo respuestas.

Esther fue frecuentemente abofeteada, golpeada y arañada por el "fantasma", y un día incluso fue apuñalada en la espalda con un cuchillo.

El interés por su caso creció tras su difusión en la prensa, y a finales de marzo Esther pasó una temporada en Saint John, New Brunswick, donde fue investigada por algunos científicos que mostraron interés por los sucesos.

Se determinó que varios "espíritus" distintos estaban actuando sobre Esther y comunicándose a través de golpes. "Bob Nickle", un "fantasma" original, afirmó haber sido zapatero en vida, y otros se identificaron como "Peter Cox", un pariente de la niña, y "Maggie Fisher".

Después de visitar Saint John, Esther pasó un tiempo con unos amigos, los Van Ambergh, en una granja tranquila cerca de Amherst, después de lo cual regresó a la casa de su hermana en la ciudad.

Pero en el verano de 1879 estallaron los fenómenos paranormales, justo cuando llegó Walter Hubbell, atraído por la publicidad que rodeaba el caso. Se mudó a la casa de la familia Teed como inquilino para investigar los extraños fenómenos.

Hubbell pasó varias semanas con Esther y su familia y declaró que él personalmente fue testigo de objetos voladores y en movimiento, incendios y objetos que aparecían de la nada.

Con la ayuda profesional del entusiasta de lo paranormal Hubbell, Esther Cox comenzó una gira porque quería hablar con la gente sobre su experiencia traumática. El mundo se sintió atraído por sus testimonios y pagó por verla y escuchar su historia.

Después de esto, los fenómenos cesaron gradualmente para siempre. Esther Cox luego se casó dos veces y tuvo un hijo. Se mudó a Brockton, Massachusetts con su segundo esposo y murió el 8 de noviembre de 1912.

El libro de Hubbell se publicó en 1879 y fue un gran éxito, vendiendo al menos 55.000 copias.

7.   Mausoleo Negro

Ubicado en la necrópolis Greyfriars Kirkyard de Edimburgo, el Mausoleo Negro es el lugar de descanso de Sir George MacKenzie, responsable de la persecución de los grupos presbiterianos conocidos como los Aliados. Causando la muerte de cientos de personas encarceladas, fue apodado "Bloody MacKenzie". Después de su muerte en 1691, fue enterrado en el cementerio Greyfriars Kirkyard, y durante los siguientes siglos no sucedió nada notable allí.

Sin embargo, a principios de 1999, los visitantes del cementerio comenzaron a reportar casos de ver un fantasma, y de sufrir quemaduras y moretones sin causa aparente. Casi 450 testigos han dado su testimonio, y más de 100 de ellos se han desmayado mientras estaban en el área embrujada. Richard Felix, presentador del programa paranormal británico "Most Haunted", lo llamó "uno de los fenómenos sobrenaturales más convincentes de todos los tiempos". La tumba de MacKenzie finalmente fue sellada, pero los ataques continuaron. Hasta el momento no se ha encontrado ninguna explicación, aunque se citan como causa probable las reacciones psicosomáticas e histéricas de los visitantes.

8.   Asesinato de Geli Raubal

Ángela María "Geli" Raubal era una joven que creció en Alemania a principios del siglo XX. Su vida terminó prematuramente en un presunto suicidio el 18 de septiembre de 1931. El arma que usó pertenecía a su medio tío y supuesto amante, Adolf Hitler. Conocido por su sobrina como "Tío Alfie", Hitler cautivó a la joven con su fama, comenzando su relación con ella al mismo tiempo que los nazis subían al poder.

Raubal viajó con el Führer por todo el país y finalmente se mudó a su propiedad de Munich como "anfitriona". Durante este período, Hitler la retrató como "modelo de excelencia" para todas las mujeres arias, aunque no todas estuvieron de acuerdo. Una vez, incluso Eva Braun la llamó "pequeña puta vacía" manipulando a Hitler. Según los informes, la noche anterior a su muerte, Raubal y Hitler discutían sobre el deseo de ella de ir a Viena a ver a otro hombre.

Después de su suicidio, las personas cercanas a Hitler explicaron que el motivo del suicidio fue su nerviosismo por un próximo recital de música, que era muy criticado en ese momento. Nunca se encontró ninguna carta y se constataron numerosas heridas en el cuerpo de Raubal, incluida su nariz rota. El repentino estallido de controversia fue silenciado rápidamente por la influencia política nazi y las amenazas de consecuencias legales. Sin embargo, los rumores de Hitler como el autor del asesinato se hicieron escuchar. Un periodista que investigaba las circunstancias del suicidio de Raubal fue detenido por los nazis justo antes de la publicación de sus conclusiones. Unos meses más tarde fue ejecutado en Dachau. Después de su muerte, se abandonaron todos los esfuerzos para descubrir la verdad y, como resultado, es posible que nunca se sepa qué le sucedió realmente a Geli Raubal.

9.   El zumbador - UVB76

Esta es una estación de radio en la frecuencia 4625 y 4810 kHz. Transmitió su primera señal en 1973. Un breve "zumbido" que se puede escuchar unas 25 veces por minuto. De vez en cuando se interrumpe la señal y se escuchan números en ruso. De vez en cuando, también se pueden escuchar partes cortas de conversaciones en ese idioma.

Un mensaje típico llegó unas horas antes del día de Navidad de 1997:

"Ya UVB-76, Ya UVB-76. 180 08 BROMAL 74 2799 14. Boris, Roman, Olga, Mihail, Anna, Larisa. 7 4 2 7 9 9 1 4"

En lugar de cerrarse con la caída del comunismo en Rusia, UVB-76 se volvió aún más activa. Desde el milenio, los mensajes de voz se han vuelto cada vez más comunes.

Podía ser una señal pregrabada o un bucle. Pero los oyentes rápidamente se dieron cuenta de que UVB-76 no era una grabación. El sonido del tono de llamada se genera manualmente. La razón por la que se escuchan conversaciones telefónicas y ruidos en el fondo de la señal es que un altavoz que crea el zumbador se coloca constantemente al lado del micrófono, lo que le da al mundo una perspectiva extraña de cualquier caverna de la que provenga la señal.

La popularidad moderna de UVB-76 se remonta a /X/, el foro de mensajes de 4chan dedicado a la discusión de actividad paranormal y misterios inexplicables. La discusión en línea de la señal aumentó en 2010 a medida que se transmitían transmisiones extrañas casi mensualmente. Se reprodujeron fragmentos de "El lago de los cisnes", una mujer citaba los números del uno al nueve, un signo de interrogación se reproducía en código Morse y se escucharon extrañas conversaciones telefónicas en el receptor.

El aumento de la actividad de esta extraña estación de radio se produjo en 2010, y parece estar relacionado con el establecimiento de la señal en una nueva ubicación.

Esfuerzos anteriores de triangulación condujeron al descubrimiento del transmisor para UVB-76: una base militar rusa en las afueras de Povarovo, una pequeña ciudad a 12 millas de Moscú.

Después de que la estación cambiara de ubicación, dos grupos de exploradores urbanos y seguidores de UVB-76 viajaron a la remota ciudad rusa en un intento de visitar el búnker militar de donde venía la señal desde hacía más de 30 años. Cuando llegaron a la ciudad, un lugareño les contó sobre la tormenta de 2010. Una noche, una espesa niebla llegó y el puesto militar fue evacuado en 90 minutos.

Después de abrirse camino y evitar al perro guardián estacionado afuera, los grupos encontraron el búnker y los edificios militares en mal estado. Las posesiones y el equipo estaban esparcidos por la base. El agua helada había llenado el búnker, pero aún había pistas dentro. Un grupo describió el búnker militar de Povarov como "un lugar oscuro y tranquilo, algo así como un laberinto con muchos pasillos y habitaciones".

Se encontró un libro que contenía un registro de mensajes enviados por UVB-76. La señal etérea que había fascinado al mundo durante años ahora tenía una presencia física, junto con la confirmación de que había sido dirigida por el ejército ruso.

Pero el misterio continúa hasta el día de hoy. Todavía se emiten mensajes de voz esporádicos. Legiones de oyentes la sintonizan todos los días a través de transmisiones de radio y en línea.

Junto con un renovado interés en estudiar y archivar las transmisiones de UVB-76, se realizaron varios intentos de triangulación para tratar de establecer la nueva ubicación de la señal. A diferencia de antes, UVB-76 parece emanar de múltiples transmisores en toda Rusia. La triangulación arrojó tres posibles ubicaciones.

Una posible ubicación es el pequeño pueblo ruso de Kirsino, que tiene una población registrada de solo 39 personas. Aquí se puede rastrear una señal. Pero este no es el lugar favorito de los fans.

Cerca de la frontera con Estonia se encuentra la región de Pskov. Esta es actualmente la fuente más probable de UVB-76, debido a los múltiples intentos de triangulación que la condujeron.

Recientemente, una nueva teoría ha sido motivo de mucha discusión entre los devotos de UVB-76. ¿Podría la señal estar vinculada a la estación de radio del gobierno ruso Voice Of Russia? Una ubicación que surge durante los intentos de triangulación está muy cerca de una serie de transmisores al sureste de Kolpino que utiliza el gobierno ruso para transmitir la radio estatal en Rusia.

Si bien los internautas han descubierto la ubicación de la señal anterior, el propósito de UVB-76 sigue siendo un misterio. Como ocurre con cualquier misterio sin explicación, abundan las teorías de la conspiración, algunas más creíbles que otras.

La conspiración favorita de los fanáticos es que el UVB-76 es la versión sónica del sistema "Dead Man Switch" de Rusia. En caso de un ataque nuclear que paralice el comando militar ruso, el sistema automático lanzará un contraataque. Si bien es probable que Rusia posea un sistema de este tipo, es fantasioso pensar que este humilde zumbido es el estruendo de nuestro inminente apocalipsis nuclear.

La explicación más plausible para el propósito de UVB-76 es que es un sistema de comunicaciones militares que opera en el oeste de Rusia. Los mensajes codificados son anuncios para diferentes distritos militares, lo que permite un medio simple de comunicarse con varias unidades al mismo tiempo. En cuanto al zumbido repetitivo, se cree que es un marcador de canal que existe para disuadir a otros de usar la misma frecuencia.

10. Dama Babushka

El 22 de noviembre de 1963 es asesinado el presidente estadounidense John F. Kennedy, sembrando el caos y el pánico en las calles de Texas. Este importante y triste evento en sí mismo está acompañado por una misteriosa mujer que estuvo presente en todos los documentos fotográficos y de video de ese día.

La mujer desconocida, con el apodo de "Babushka Lady" fue notada por una multitud de personas que estaban presentes en el momento del asesinato. Su importancia, sin embargo, no es tanto que simplemente estuviera allí, sino que estaba sosteniendo una cámara e inmortalizando todos los momentos previos al atroz crimen. Su búsqueda llevó a un callejón sin salida ya que hasta el día de hoy no ha sido identificada por las autoridades estadounidenses, mientras que quienes conocen el caso Kennedy entienden el pensamiento conspirativo detrás de cada persona y evento de ese día.

Es posible que esta mujer tenga información sobre el culpable y sobre todo las razones que tuvo para perpetrar el magnicidio. La imposibilidad de encontrarla aún hoy dejará estas preguntas sin respuesta durante mucho tiempo.

11. ¿Dónde está Jimmy Hoffa?

Jimmy Hoffa, el líder de Teamsters Union, también conocido por su participación en el crimen organizado, desapareció el 30 de julio de 1975 en circunstancias poco claras y fue declarado oficialmente muerto siete años después, el 30 de julio de 1982. La identidad de su asesino o asesinos y la ubicación de su cuerpo sigue siendo un misterio. La policía y los médicos forenses han buscado en varios lugares en Detroit y el condado de Oakland sin éxito.

Según una teoría popular, el cuerpo de Hoffa está enterrado bajo el estadio de los Giants en Nueva Jersey. Sin embargo, esta teoría ha sido desacreditada. El 25 y 26 de octubre de 2021, agentes del FBI visitaron un antiguo vertedero en Nueva Jersey para investigar, luego de que un trabajador confesara que en 1975 enterró el cuerpo de Hoffa en un barril de acero. Sin embargo, los buscadores no encontraron el barril, según Live Science.

La identidad de su asesino también se desconoce. Antes de su muerte en 2006, Richard Kuklinski (*), un asesino a sueldo, afirmó haber matado a Hoffa y arrojado su cuerpo en una cochera. Un escritor llamado Philip Carlo visitó a Kuklinski en prisión antes de que muriera y escribió un libro sobre las confesiones del convicto. Sin embargo, varios policías han cuestionado su confesión en entrevistas con los medios. A medida que pasan los años, parece cada vez más improbable que se encuentre el cuerpo o la identidad del asesino de Hoffa.
(*) Sobre Richard Kuklinski, y otros asesinos en serie encontrará información en mi libro "Asesinos famosos" –el lado perverso de la mente-).

12.　Pinturas rupestres

Las pinturas rupestres más famosas se encuentran en el sistema de cuevas de Lascaux en Francia. Hay 150 pinturas y alrededor de 15 mil grabados en esas profundas cavernas, y algunos científicos creen que estas pinturas atestiguan el contacto entre personas prehistóricas y una civilización extraterrestre. Algunas representan a una criatura con estrellas en lugar de ojos, y sobre la pintura de un toro está la constelación de las Pléyades, donde, según muchos mitos, llegaron seres del espacio.

Otros sitios arqueológicos se encuentran en una situación similar. Conocidas son la cueva Creswell Crags en Gran Bretaña, en la que antiguos cazadores dejaron sus pinturas hace más de 13 mil años, o la cueva brasileña Caverna de Pedro Pintada. Sin embargo, la cueva Chauvet en Francia plantea la mayoría de las preguntas. Los científicos han descubierto que las pinturas que contiene tienen unos 35 mil años, mucho más que en otras cuevas cercanas. Y algunas pinturas son muy extrañas. Estos incluyen representaciones de híbridos humano-animal, huellas de palmas con dedos faltantes e imágenes de extrañas criaturas desconocidas. ¿Será que estos hallazgos respaldan la teoría de que nuestros antepasados se comunicaron con una raza alienígena?

13.　Misterios del antiguo Egipto

El antiguo Egipto siempre ha fascinado. Prácticamente, en los últimos 200 años, esta antigua cultura ha sido como una verdadera obsesión para mucha gente, desde historiadores hasta realizadores de cine y documentales. Es una tierra mágica, llena de tesoros escondidos bajo la arena ardiente, es un lugar milagroso y definitivamente pasaran muchos años más tratando de descifrar sus secretos. Incluso después de todo este tiempo, todavía hay muchas cosas que no sabemos. Algunos de los mayores descubrimientos del mundo antiguo esperan ser revelados lentamente. Pero la mayoría de las veces, tales revelaciones traen más misterios y preguntas sin respuesta. Algunos de ellos son:

- **El laberinto perdido de Egipto**

Hace 2.500 años, en Egipto había un enorme laberinto que, en palabras de quien lo vio, "superaba incluso a las pirámides". Era un edificio enorme, de dos pisos de altura. En el interior, había 3.000 habitaciones diferentes, todas conectadas por un sinuoso laberinto de pasajes tan complejos que nadie podía encontrar la salida sin un guía. En la parte inferior, había un nivel subterráneo que servía como tumba para los reyes, y en la parte superior había un techo macizo hecho de una sola piedra gigantesca.

Innumerables escritores antiguos describieron haberlo visto de primera mano, pero 2500 años después, todavía no estamos seguros de dónde está. Incluso Heródoto nos habla de esta magnífica construcción. Y otros escritores antiguos conocidos lo describen: Diodorus Siculus, Strabo, Plinio y Pomponius Mela.

Lo más parecido que se ha encontrado es una enorme meseta de piedra de 300 metros de ancho que algunos creen que alguna vez fue la base del laberinto. Muchos opinan que se trata de un mito que se perdió en el tiempo. Lo mismo se creía de Troya, hasta que se la encontró. La ubicación actual fue descubierta en 1888 por el profesor Flinders Petrie. Todo alrededor habría sido demolido y solo quedaban en pie fragmentos de estatuas.

En 2008, un equipo de especialistas utilizó un geo-radar para escanear la meseta y descubrió que debajo de ella aparece un laberinto subterráneo como el descrito por los escritores antiguos. Sin embargo, hasta ahora, nadie ha excavado o entrado. Hasta que alguien llegue al laberinto, no sabremos con certeza si realmente hemos encontrado la mayor maravilla arqueológica del antiguo Egipto.

* **La reina desconocida de Egipto**
Tenemos decenas de listas de faraones. Pero no sabemos nada acerca de algunos de ellos. Probablemente las más conocidas sean Nefertiti, Hatshepsut o Cleopatra. Pero, ¿qué tal una reina mucho más fuerte que las citadas?

En 2015, arqueólogos de la República Checa encontraron la tumba de una mujer que estaba enterrada entre las grandes pirámides del Antiguo Reino de Egipto en Abusir. En su tumba había inscripciones que la llamaban tanto "la esposa del rey" como "la madre del rey". Hace 4.500 años, cuando esta mujer vivía, habría sido una de las personas más importantes del planeta. Habría tenido más poder que cualquier otra mujer en toda África. Y nadie tiene idea de quién fue ella.

Los historiadores la llamaron "Khentakawess III", asumiendo que era la hija de la reina Kehntakawess II. Creen que fue la esposa del faraón Neferefre y la madre del faraón Mekahur, pero no se está seguro. Si su nombre era Khentakawess III, entonces no hay ninguna referencia a ella en nada que se haya encontrado. Quienquiera que haya sido, una vez fue una mujer increíblemente poderosa, pero hoy es poco más que un enigma.

- ### La esfinge de Israel

En 2013, en Tel Hazor, Israel, los arqueólogos descubrieron algo que nunca esperaban. Al menos no tan lejos de Egipto: una esfinge egipcia de 4.000 años. Más precisamente, encontraron las patas de la estatua, descansando sobre una base. El resto, se cree, fue destruido deliberadamente hace miles de años. Sin embargo, antes de que alguien la volcara, habría medido más de 1 metro de alto y pesado media tonelada. Nadie sabe qué estaba haciendo una estatua egipcia en Israel. La única pista que queda es una inscripción en la base que lleva el nombre "Rey Mycerinus", el nombre de un faraón que gobernó Egipto alrededor del 2500 a.C.

Es muy poco probable que los egipcios conquistaran Tel Hazor. Durante el reinado de Mycerinus (también conocido como Menkaure), Tel Hazor era un centro comercial en Canaán, directamente entre Egipto y Babilonia. Era vital para el bienestar económico de dos de las mayores potencias de la zona. La mejor conjetura es que fue un regalo. Sin embargo, si fue un regalo, no está claro por qué el rey Mycerinus lo envió o, para el caso, por qué alguien estaba lo suficientemente molesto como para romperlo.

• **La misteriosa muerte del rey Tuthankhamon**

El rey Tutankamón ya tiene un aura de misterio tejida a su alrededor: desde el descubrimiento de la tumba hasta el fabuloso tesoro y la supuesta maldición que lo acompañaba. Tut tenía solo 19 años cuando murió y nadie sabe con certeza qué pasó. Su muerte es un completo misterio, pero no porque estuviera en la flor de la vida. La razón por la que la muerte de Tutankamón es tan misteriosa es que había tantas cosas mal en él que es difícil decir cuál de ellas acabó con su vida.

El rey Tut estaba en un terrible estado de salud. En primer lugar, tenía malaria y nació con tantas discapacidades genéticas que los historiadores están convencidos de que sus padres debieron ser hermanos. Tenía un pie rojo y defectos genéticos que, según algunos, podrían haber hecho que su muerte fuera cuestión de tiempo. También tenía un cráneo fracturado, lo que durante mucho tiempo los arqueólogos consideraron que era una señal de que había recibido un golpe en la cabeza. Hoy se cree que fue golpeado mientras embalsamaban su cuerpo, pero no se descarta la posibilidad de que lo mataran. Se rompió la rodilla poco antes de morir, lo que lleva a la teoría de que murió en un accidente de carro.

Tut estaba tan deformado que ni siquiera podía mantenerse en pie sin que alguien lo apoyara. Podría haber sido cualquier cosa al final o incluso muchas cosas diferentes lo afectaron al mismo tiempo.

- **La cámara oculta de la gran pirámide**

La pirámide más grande de todas fue construida hace 4.500 años para el faraón Keops. Es una estructura masiva de casi 150 metros de altura, construida con más de 2,3 millones de bloques de piedra. Algunos creen que fue construida con la ayuda de extraterrestres. Hasta hace poco, parecía haber solo tres habitaciones en el interior.

Un equipo de científicos escaneó la pirámide en noviembre de 2017 para ver si se les escapaba algo. Efectivamente, sobre la Gran Galería de la pirámide, encontraron señales de que podría haber una cámara oculta tan grande como la cámara más grande de toda la pirámide. Lo extraño es que los egipcios construyeron deliberadamente la cámara oculta para que fuera completamente inaccesible. No hay corredores o caminos conectados a ella. La única forma en que podrían haber puesto algo dentro es si llenaban la cámara mientras construían la pirámide y luego la sellaban. Todavía no se ha visto el interior de la cámara oculta, pero sea lo que sea, parece no haber visto nunca la luz del día. Los arqueólogos opinan que la habitación se usaba como una especie de pozo donde el alma del faraón podía subir a las estrellas.

- **La momia envuelta en un libro**

En 1848, un hombre compró una momia egipcia antigua a un comerciante de Alejandría. Durante años la exhibió como decoración sin darse cuenta de que era el objeto más extraño jamás encontrado.

Sin embargo, después de quitar los vendajes unas décadas más tarde, los científicos descubrieron algo muy inusual. La momia estaba envuelta en las páginas de un libro, y no estaba escrito en egipcio. Fueron necesarios años de investigación para averiguar de qué idioma se trataba, pero hoy sabemos que está escrito en etrusco, el idioma de una antigua civilización que una vez vivió en la Italia actual.

Es un lenguaje del que sabemos poco. Las palabras envueltas alrededor de esta momia forman el texto etrusco más largo que se ha encontrado y tiene unos 2.300 años. Sin embargo, muchas preguntas quedaron sin respuesta. En primer lugar, todavía no se sabe lo que dice el texto. Solo se pueden entender algunas palabras, que parecen ser nombres dados y de dioses, y más allá de eso, solo se puede especular qué significa o por qué alguien envolvería una momia en tal cosa. Sobre todo, no se entiende el por qué un libro etrusco estaba envuelto alrededor de una momia en Egipto. ¿Cuál es la conexión y cuál es su mensaje final para el mundo?

• **La pirámide destruida**

La pirámide de Djedefre debería ser la pirámide más alta de Egipto. Medir el orgullo era un asunto de hombres en ese momento. Y el rey Djedefre se aseguró de eso. No tenía los recursos para construir la pirámide más grande, pero usó una pequeña solución ingeniosa para asegurarse de que la parte superior de su tumba fuera solo un poco más alta que la de los demás. Él edificó en una colina. Sin embargo, por alguna razón, mientras que todas las demás pirámides de Egipto siguen en pie después de miles de años, solo la pirámide de Djedefre fue totalmente destruida. Todo lo que queda es la base.

Nadie sabe completamente qué le pasó, pero hay teorías. Algunos creen que Djedefre simplemente murió antes de que pudiera hacer gran parte del trabajo, y su pirámide quedó en ruinas. Otros creen que los rumanos extrajeron sus piedras hace 2000 años, derribando este enorme monumento histórico. Y otros creen que la gente de Egipto realmente odiaba a Djedefre, tanto que estaban dispuestos a destruir una pirámide entera solo por despecho.

- **La desaparición de la reina Nefertiti**

La reina Nefertiti es legendaria porque fue una de las pocas mujeres que gobernó Egipto. Era la esposa del faraón Akenatón, probablemente la madre del faraón Tutankamón, y se cree que se apoderó de Egipto. Y, sin embargo, mientras que las tumbas de otros faraones todavía se elevan sobre Egipto hoy en día, nadie ha encontrado el lugar de descanso final de Nefertiti.

La búsqueda de su tumba continuó durante años. Hasta 2018, los arqueólogos estaban casi convencidos de que habían encontrado su lugar de enterramiento en una cámara secreta escondida en la tumba del rey Tutankamón. En mayo, sin embargo, escanearon meticulosamente la pared y descubrieron que no había nada allí.

Curiosamente, no hubo mención de su muerte en la historia egipcia. Después de aproximadamente el año 12 del reinado de su esposo Akhenaton, cualquier mención de ella cesa por completo. Algunos creen que esto se debe a que se convirtió en faraón y tomó otro nombre, pero no todos están de acuerdo. Algunos creen que la respuesta a este misterio es algo más trivial de lo que podríamos esperar. Según la Dra. Joyce Tydseley, la explicación más simple es que Nefertiti nunca fue una faraona. El Dr. Tydseley cree que la gente le dio mucha importancia a Nefertiti en la década de 1920 porque una escultura de su rostro se volvió muy popular y solo querían que fuera lo suficientemente popular como para creerlo.

• **La tierra perdida de Punt**

Los escritos del antiguo Egipto están llenos de referencias a un lugar llamado Punt. Era un antiguo reino africano lleno de oro, marfil y animales exóticos que excitaron la imaginación de los egipcios. Y debe haber sido extremadamente fuerte. Era un lugar que inspiraba el respeto de los egipcios, un país al que llamaban "País de Dios". Y si los egipcios tampoco eran ricos y poderosos, ¿entonces quiénes?

No hay duda de que Punt existió. Hay innumerables menciones de el en escritos antiguos. Incluso hay una imagen de la Reina de Punt en un antiguo templo egipcio. Pero a pesar del poder y la importancia de este magnífico lugar, nunca fue encontrado.

Los únicos rastros que tenemos de Punt son los artefactos que guardaban los egipcios. Los científicos, desesperados por descubrir dónde se ubicaba este reino, estudiaron los restos momificados de dos babuinos (primates) que los egipcios obtuvieron de Punt y determinaron que estos animales, habían venido de la zona de la actual Eritrea o Etiopía oriental. Esto, al menos, otorgó un punto de partida en la búsqueda para encontrar la Tierra de Punt, pero es un área enorme para una búsqueda arqueológica.

14.   La Tumba de Vlad Drácula

También famoso como un personaje de Bram Stoker, Vlad II, también conocido como Vlad Dracul (Drácula), Vlad el Dragón o Vlad Tepes, fue príncipe de Valaquia desde 1436 hasta 1442, y nuevamente desde 1443 hasta 1447. Es conocido internacionalmente como el padre de Vlad el Empalador o el Conde Drácula que fue príncipe de Valaquia.

Vlad Dracul fue retratado como un héroe patriótico, pero también como un líder cruel y despiadado. Vlad el Dragón fue un gobernante que empaló y torturó entre 40 mil y 100 mil de sus enemigos, turcos o valacos, que representaban una amenaza para su poder. Después de dos reinados separados, murió en una batalla con los turcos cerca de Bucarest en 1476. Los turcos le cortaron la cabeza y se la enviaron al sultán del Imperio Otomano, Mehmed II. Se desconoce el lugar de descanso de su cuerpo.

La teoría más aceptada sobre la tumba de Vlad el Empalador es que fue enterrado en el Monasterio de Snagov, en una isla cerca de Bucarest. Sin embargo, exámenes recientes han demostrado que la tumba de Dracul contiene solo unos pocos huesos de caballo que datan del Neolítico.

Otra teoría dice que el cuerpo de Vlad habría sido enterrado en el sitio del monasterio de Comana, la fundación del voivoda. Pero el monasterio fue reconstruido en el siglo XVII y no se encontraron restos. Otra hipótesis está relacionada con la superstición, debido a las leyendas sobre vampiros que rondaban Valaquia en esos días: los Dracul podían moverse a cualquier lugar instantáneamente, para evitar ser asesinados mientras dormían.

15. La dama tóxica

En la noche del 19 de febrero de 1994, Gloria Ramírez (31), madre de dos hijos, fue llevada de urgencia a la sala de emergencias del Hospital General de Riverside en California. Ramírez, una paciente con cáncer de cuello uterino, se quejaba de latidos cardíacos irregulares y dificultad para respirar. De camino al hospital, a Ramírez la conectaron a un ventilador y le administraron una solución intravenosa. Cuando llegó al hospital, apenas estaba consciente, arrastraba las palabras, su respiración era superficial y su ritmo cardíaco acelerado.

El personal médico le inyectó sedantes de acción rápida y medicamentos para el corazón para aliviar sus síntomas. Cuando no había cambios, los médicos usaron un desfibrilador. En ese momento, varias personas notaron una película aceitosa que cubría el cuerpo de Ramírez, mientras que otras percibieron un olor afrutado parecido al ajo que suponían que provenía de su boca.

Una enfermera llamada Susan Kane insertó una aguja en el brazo del paciente para extraer sangre e inmediatamente olió amoníaco. Kane le dio la jeringa a la Dra. Maureen Welch, quien confirmó la presencia del mismo olor. Welch luego le dio la jeringa a la médica residente Julie Gorczynski, quien también percibió el amoníaco. Además, Gorczynski notó que partículas inusuales flotaban en la sangre del paciente. En ese momento, Kane se desmayó y tuvo que ser sacada de la unidad de cuidados intensivos. Después de unos momentos, Gorczynski se quejó de náuseas y también se derrumbó en el suelo. Maureen Welch se desmayó en tercer lugar.

Veintitrés personas enfermaron esa noche, cinco de las cuales fueron hospitalizadas con diversos síntomas. Gorczynski estaba en su peor momento. Su cuerpo temblaba con convulsiones y respiraba intermitentemente. También le diagnosticaron hepatitis, pancreatitis y necrosis vascular de las rodillas, una afección en la que el tejido óseo desaparece. Gorchinski caminó con muletas durante varios meses. Gloria Ramírez murió 45 minutos después de llegar al hospital. La causa oficial de su muerte fue insuficiencia renal por cáncer metastásico.

La muerte de Ramírez y el impacto de su presencia en el personal del hospital es uno de los misterios médicos más sonados de la historia reciente. La fuente de los gases tóxicos fue sin duda el cuerpo de Ramírez, pero los resultados de la autopsia no fueron concluyentes. La posibilidad de que haya químicos peligrosos y patógenos en la sala de emergencias se descartó después de una investigación exhaustiva realizada por un equipo de especialistas. En última instancia, el departamento de salud dijo que el personal del hospital probablemente sufrió un brote de histeria colectiva, posiblemente provocado por el olor. El informe provocó la indignación de muchos miembros del personal médico de turno esa noche. La conclusión del departamento de salud, en su opinión, ofendió su profesionalismo.Finalmente, se le pidió al Centro

Federal de Investigación en Livermore que revisara los resultados de la autopsia y los informes de toxicología de Ramírez. Un examen forense encontró muchas sustancias químicas inusuales en la sangre de la paciente, pero ninguna de ellas era lo suficientemente tóxica como para causar los síntomas que experimentaron los trabajadores de emergencia. Había muchas drogas diferentes en su cuerpo, como lidocaína, paracetamol, codeína y trimetobenzamida. Ramírez tenía cáncer y era comprensible que sufriera un dolor intenso. Muchos de estos medicamentos alivian el dolor.

Encontrar la fuente del olor a amoníaco que estaba presente en la unidad de cuidados intensivos resultó ser fácil. Los científicos encontraron un compuesto de amoníaco en la sangre de Ramírez, que probablemente se formó cuando su cuerpo descompuso el medicamento contra las náuseas trimetobenzamida que estaba tomando.

La sustancia química más inusual que se encontró en su sangre fue la dimetilsulfona, un compuesto de azufre que se encuentra en pequeñas cantidades en algunas plantas, en muchos alimentos y bebidas y, a veces, se produce naturalmente en nuestro cuerpo a partir de aminoácidos. Los expertos forenses sugirieron que la dimetilsulfona se derivaba del dimetilsulfóxido, o DMSO, que Ramírez debió haber tomado para aliviar el dolor. El DMSO apareció a principios de la década de 1960 como una droga maravillosa y se hizo muy popular entre los atletas que la usaban para tratar la tensión muscular hasta que la FDA lo descubrió. El hecho de que el uso prolongado de la droga causa daño a los órganos visuales. Después de eso, el uso de la droga fue limitado, pero pasó a la clandestinidad.

Ramírez pudo estar usando DMSO tópico para aliviar el dolor. Sin embargo, el fármaco fue absorbido por la piel y entró en el torrente sanguíneo. Cuando los paramédicos la conectaron a un ventilador, el DMSO se oxidó. Fue la dimetilsulfona la que se convirtió en esos cristales de sangre inusuales que descubrió Gorczynski.

La dimetilsulfona es relativamente inofensiva, excepto por una cosa: si agrega otro átomo de oxígeno a una molécula, obtiene sulfato de dimetilo, un químico muy desagradable. Los vapores de sulfato de dimetilo destruyen instantáneamente las células de los tejidos. Cuando se ingiere, el sulfato de dimetilo causa convulsiones, delirio, parálisis, daño renal, hepático y cardíaco. En casos severos, el sulfato de dimetilo puede incluso matar a una persona.

Lo que causó que la dimetilsulfona en el cuerpo de Ramírez se convirtiera en sulfato de dimetilo es controvertido. Los científicos de Livermore creen que la transformación fue causada por el aire frío en la sala de emergencias, pero esa teoría no tiene fundamento. Los químicos orgánicos se burlan de esta idea porque nunca se ha observado la conversión directa de dimetilsulfona en sulfato de dimetilo. Otros creen que los síntomas experimentados por el personal médico no coinciden con los síntomas de la intoxicación por sulfato de dimetilo. Además, los efectos de la exposición al sulfato de dimetilo generalmente aparecen después de varias horas, sin embargo, el personal del hospital comenzó a desmayarse y a tener otros síntomas después de solo unos minutos. Otros siguen siendo escépticos de que el DMSO podría haber producido muchas sustancias químicas sospechosas.

Unos años más tarde, The New Times LA ofreció una explicación alternativa: el personal del hospital fabricó ilegalmente la droga metanfetamina y la introdujo de contrabando en bolsas intravenosas, una de las cuales fue suministrada accidentalmente a Ramírez. La exposición a la metanfetamina puede causar ataques de náuseas, dolores de cabeza y pérdida del conocimiento. La idea de un laboratorio secreto de metanfetamina en un gran hospital no solo suena increíble, sino que probablemente no sea cierto. La base de esta teoría descabellada era que el condado de Riverside era uno de los mayores proveedores de metanfetamina del país.

La teoría del DMSO sigue siendo la más plausible, pero aún no explica completamente lo que sucedió. El extraño incidente que rodeó la muerte de Gloria Ramírez sigue siendo un misterio médico y químico.

16.   Círculos en las cosechas

La historia de los círculos misteriosos en los campos comienza en el siglo XVII, cuando un folleto distribuido en la Inglaterra de esos años presentaba en la primera página la imagen del diablo creando un dibujo circular en una cadena. Se decía que el dueño del campo estaba tan escandalizado por el precio propuesto por los trabajadores, que dijo que preferiría que el diablo trabajara para él...

Desde entonces, los llamados "crop circles" han demostrado ser una celebridad extraordinaria, comenzando a ser mencionados en todos los rincones del mundo.

Pero, ¿quién o qué crea los diseños más sorprendentes en los campos de todo el mundo?

Las explicaciones empezaron a fluir sobre todo en los años 70 cuando los círculos se hicieron famosos en todo el mundo, sobre todo gracias al movimiento New Age. Aunque muy extendidos, sobre todo en Inglaterra, en la zona cercana al yacimiento de Stonehenge, que con su fama parece que se extendieron, llegando incluso a Australia, Suiza, pero también a otras partes del mundo, registrándose alrededor de 10.000 de tales "dibujos" en estos lugares.

El nombre de "círculos de cadena" resulta un tanto limitado ahora, ya que los diseños adoptan formas geométricas muy diversas, a veces representan siluetas o lo que parecen ser modelos. En el pasado, sin embargo, la mayoría de las formas eran circulares y se hacían plantando en el suelo plantas cultivadas, generalmente cereales o plantas forrajeras.

Sin embargo, su desarrollo fue espectacular, apareciendo en ocasiones en gran número, incluyendo espirales, líneas dobles o triples o incluso otras figuras geométricas que juntas forman un círculo mayor. Los resultados suelen ser realmente espectaculares. Pero si la forma puede verse muy claramente, a veces también se pueden adivinar los métodos de creación, que son de lo más diversos.

Quizás los más a menudo culpados por la destrucción en los campos son los extraterrestres, muchos entusiastas del fenómeno de los círculos de las cosechas pasan sus noches cerca de los campos para tener una reunión especial. Como prueba, hay algunos videos, un poco borrosos para ser honestos, que muestran lo que parecen ser ovnis que de alguna manera crean círculos debajo de ellos. Otro argumento de los partidarios de la teoría está relacionado con la complejidad de los dibujos y su tamaño, que los haría imposibles de crear sin la ayuda de tecnologías sobrehumanas. Y estos solo pueden ser los de extraterrestres. Los escépticos, sin embargo, no ven ninguna razón lógica por la cual algunos seres que han viajado miles y miles de años luz harían sentir su presencia aplastando plantas en el suelo en forma de círculos.

Otra versión, preferida por los seguidores de las teorías de la Nueva Era, considera estos "círculos de las cosechas" como el mensaje mismo de la Madre Tierra a los habitantes. Hay algunas sectas que creen en un ente vivo, todo el planeta, al que suelen llamar Gaia. Esto es una conciencia y se puede activar tanto como sea posible, enviando así un mensaje a las personas, que está siendo afectado irremediablemente. Además, también consideran importantes los llamados vórtices energéticos, cuyo poder puede provocar cambios físicos en las plantas. Y como el lugar en el que se encuentra Stonehenge se considera un punto de máxima energía, la concentración de círculos en esta zona parece lo más natural posible, al menos para algunos.

La versión más probable, sin embargo, todavía involucra a personas que no tienen conexión con lo paranormal. Esto explica que la mayoría de los dibujos aparecieran en lugares donde no existe una legislación que castigue este tipo de acciones. Parece poco probable que los extraterrestres o Gaia estén interesados en este aspecto. Y luego viene la historia de Doug Bower y Dave Chorley, quienes admitieron que son culpables de crear varios cientos de círculos. Y ni siquiera usaron técnicas complicadas. De hecho, con cuerda, una tabla, algún tubo de PVC y una escalera, se demostró que en dos horas se puede hacer un círculo bastante complejo y grande.

Muchos consideran que debería incluirse un nuevo arte en los catálogos de perfil, el arte llamado "Crop circles". Aunque no está hecho para durar, tal imagen requiere planos, cálculos y bastante trabajo, siendo el resultado al menos agradable a la vista. Pero este tipo de arte no impresiona mucho a los agricultores, francamente enojados por las pérdidas causadas por la expresión artística de otros. Como resultado, algunos cultivaron sus propios campos para expresarse artísticamente en el buen sentido, para satisfacción de todos.

17.   El misterio de la casa Winchester

Se trata de la extraña mansión construida por la problemática heredera de la fortuna Winchester (la firma que fabricó los rifles que contribuyeron a la conquista del viejo oeste americano).

En 1886, una mujer excéntrica llamada Sarah Winchester viajó desde New Haven, Connecticut a San José, California para comenzar una nueva vida. Compró una pequeña casa de campo de ocho habitaciones y comenzó un proyecto de renovación que tomó 36 años y costó $ 5,5 millones (en el dinero de la época). La mujer se detuvo solo cuando murió en 1922. La villa que construyó fue llamada la casa más extraña del mundo.

Cuando la terminó, la casa Winchester era una maravilla moderna, con plomería interior, múltiples ascensores, ducha de agua caliente y calefacción central. Tenía más de 160 habitaciones, 40 dormitorios, 2 mil puertas y 2 sótanos. Una de las puertas conduce a un fregadero de cocina, otras a los arbustos en el jardín de abajo. Las escaleras conducen directamente a los techos, o a ninguna parte, ya que terminan en una pared. Se instalaron costosas vidrieras de Tiffany en lugares donde no había luz, y hay más pasadizos secretos que en Narnia. Una delicia particularmente peculiar es un armario que, cuando se abre, se extiende a través de 30 habitaciones de la casa.

Nadie sabe con certeza por qué la Sra. Winchester hizo constantes renovaciones en la casa, pero obviamente hay teorías. La más relevante es que la Sra. Winchester estaba obsesionada por los fantasmas de aquellos que habían sido asesinados con el rifle Winchester. El difunto esposo de la dama fue el inventor del afamado rifle, por lo que la fortuna se había amasado con la venta de armas.

Después de que su esposo falleciera, un psíquico le dijo que, para escapar de las almas en pena, tendría que mudarse al oeste, comprar una casa y construirla sin parar, para que los espíritus no puedan establecerse. Algunas teorías dicen que ella pensó que tan pronto como terminara la construcción moriría. Otras teorías apuntan a que construyó la casa como un laberinto para alejar a los fantasmas que la atormentaban. Según la teoría, para evitarlos, dormía en una habitación diferente cada noche y seguía caminos laberínticos a través de su propia casa.

Desafortunadamente, Sarah Winchester murió en el año 1922 y se llevó el secreto a la tumba. Por lo tanto, nadie sabe exactamente cuál era la lógica detrás de la extraña construcción. Pero quienes lo deseen pueden visitarla, ya que actualmente la casa es un museo y también se organizan visitas guiadas de Halloween.

18. El maratonista japonés desaparecido

No es un misterio, pero nadie puede negar que se trate de un suceso sumamente extraño. Nos referimos al caso del maratonista japonés de 1912, que dejó la salida, pero desapareció durante 50 años

Cuando se trata de eventos atléticos de nivel olímpico, la historia tiende a recordar solo a aquellos que corrieron más rápido, saltaron más lejos y se esforzaron más que sus compañeros.

Shizo Kanakuri es una aparente excepción a esta regla, ya que la gente recuerda que tuvo el peor tiempo oficial de cualquier corredor olímpico de maratón en la historia. Le tomó más de 54 años terminar una carrera que comenzó en 1912.

Shizo Kanakuri fue uno de los dos atletas que Japón envió a competir en los Juegos Olímpicos de Estocolmo de 1912. El otro era un velocista, Yahiko Mishima.

Había mucha presión sobre Kanakuri para que tuviera un buen desempeño. Él, junto con su compañero de equipo, representaban a los primeros atletas japoneses en competir en los Juegos Olímpicos.

Desafortunadamente, cuando el dúo olímpico de Japón llegó a Suecia, uno de los hombres se enfermó. La cocina local tampoco era buena para Kanakuri, lo que obstaculizó aún más su preparación previa a la carrera. Necesitaba cinco días para recuperarse.

Cuando llegó el día del maratón, el clima en Estocolmo era de 32° C (casi 90° F). A pesar de que el clima no era ideal, Kanakuri optó por correr con los tradicionales zapatos japoneses de tela llamados tabi. Trató de fortalecer estos zapatos con tela áspera. Sin embargo, resultaron ineficaces para proteger los pies de la grava y los escombros esparcidos a lo largo del recorrido del maratón.

Otro problema para Kanakuri fue su método de funcionamiento poco ortodoxo, digamos, según los estándares modernos. Mientras corría, Kanakuri generalmente se abstenía de beber líquidos debido a la creencia generalizada de que la sudoración hacía que una persona se cansara más.

Shizo Kanakuri tomó la salida, al igual que todos los demás, pero nadie lo vio cruzar la línea de meta. El calor hizo que 32 competidores abandonaran el camino, más de la mitad de los 60 en total.

Incluso hubo drama: el favorito, el portugués Francisco Lázaro se desplomó en el kilómetro 30 y fue trasladado de inmediato al hospital en estado grave. Le pusieron inyecciones de solución salina, su estado mejoró, pero pronto comenzó a delirar y a dibujar movimientos en el aire como si estuviera corriendo. El 15 de julio, Lázaro murió a las 6:20 a.m. Tenía solo 21 años. El impacto de la tragedia fue enorme. "Meningitis por el sol", determinó el jefe de la clínica que atendió al corredor. "Murió como el soldado en Marathon, luchando como un héroe para cumplir con su deber", subtituló la prensa portuguesa.

Nacido el 20 de agosto de 1891, Shizo Kanakuri tenía casi la misma edad que Francisco Lázaro. Se esperaba que no hubiera corrido la misma suerte, ya que no se encontró ningún rastro de él después de la carrera.

Conscientes de que muchos de los corredores habían desertado y uno finalmente murió, las autoridades se preocuparon de que Kanakuri pudiera estar en peligro y lo denunciaron como desaparecido a la policía sueca, que lo buscó en vano.

Shizo Kanakuri se convirtió en una leyenda urbana en Estocolmo, siendo conocido como "el desaparecido". Algunos rumores decían que Shizo fue visto tambaleándose por las gradas en Suecia con un vaso en la mano. Pero ninguna pista llevó a las autoridades a dar con el atleta.

En el 50 aniversario de los Juegos de Estocolmo en 1962, un periódico local reanudó la investigación. Shizo Kanakuri fue encontrado por un reportero en Tamana. El ex atleta estaba vivo y bien. Además, se había convertido en profesor de geografía. Shizo Kanakuri decidió confesar:

El día de la carrera, debido al terrible calor, el atleta pensó en abandonar la competencia. Cuando vio a un hombre en el camino tomando un jugo, se detuvo y le pidió un trago para hidratarse. Los familiares allí se conmovieron por la condición de Kanakuri y le ofrecieron una cama para descansar.

El japonés inmediatamente se derrumbó en el camastro, queriendo descansar unos minutos. Debido al cansancio, se durmió y se despertó a la mañana siguiente. Cuando abrió los ojos, estaba completamente avergonzado y no quería volver a ver a los organizadores. Así que decidió subirse al primer tren, luego a un barco a Japón.

La vergüenza de 1912 lo persiguió toda su vida. Por invitación de la televisión sueca, fue conducido al estadio olímpico donde, frente a una audiencia entusiasta, terminó la carrera que comenzó hacía más de medio siglo.

19.   El bosque de los suicidas

Al pie del Monte Fiji en Japón hay un bosque maldito donde más de 100 personas se suicidan cada año. Un geólogo ha investigado estos suicidios masivos, que se vienen produciendo desde hace muchos años, pero su motivo sigue siendo un misterio.

El bosque de Aokigahara en Japón es un lugar con una densa vegetación, donde las autoridades frecuentemente descubren cuerpos colgados de los árboles, como producto de suicidios.

Este bosque tiene una historia que data de siglos atrás. Ya en poemas de hace mil años aparece como un bosque maldito y es un lugar que históricamente se asocia con demonios de la mitología japonesa. Una zona llena de misterio y leyendas que muchos eligen como último lugar. Pero no siempre fue un lugar de peregrinación para los terroristas suicidas.

En el siglo XIX, las epidemias y el hambre llevaron a muchas familias pobres que no podían alimentar a sus hijos y ancianos a elegir este tupido bosque como espacio para dejarlos a su suerte. Obviamente, nunca se fueron, y el lugar desarrolló una reputación como un bosque encantado, donde permanecían los fantasmas de todas estas personas abandonadas.

Ya en el siglo XX, comenzó a ser un lugar para el suicidio, sobre todo desde que en 1993 Wataru Tsurumi publicó "El manual completo del suicidio", donde recomendaba este bosque en las laderas del monte Fuji como un lugar ideal para suicidarse. Los números hablan por sí solos y desde 1950 se han encontrado más de 500 cuerpos. El récord se estableció en 2003, con 100 personas encontradas muertas ese año en el bosque. Desde entonces, la ciudad de Aokigahara ha dejado de publicar las estadísticas, por lo que el lugar ya no se ha asociado con la altísima tasa de suicidios, aunque siguen ocurriendo.

Muchos dicen que el lugar está embrujado y, como tal, atrae a los terroristas suicidas al interior. Pero claro que hay creencias y leyendas populares. En general, también se puede decir que puede haber otras razones. Una de ellas es que es un bosque muy denso, llamado el "Mar de los árboles", donde se puede encontrar un completo silencio para sucumbir a la muerte deseada, y muy cerca de la ciudad de Tokio, porque no hay ruido en su interior. Otra posibilidad que se baraja es la económica, pues en Japón, la familia de la persona que se suicida tiene que asumir los gastos que produce. Es decir, si se mata saltando a las vías del tren, tendrá que pagar retrasos, indemnizaciones, etc. El bosque se convierte en un lugar barato para morir.

Sorprendentemente, este es el lugar con más suicidios de Japón, y el segundo del mundo, después del puente Golden Gate de San Francisco. Y Japón es también el tercer país del mundo con una tasa de suicidios muy alta, después de Corea del Sur y Hungría. Hay muchas razones por las que esto puede ser así, ya sea la crisis económica, o la cultura en la que no es posible quejarse o el creciente aislamiento de los jóvenes.

Cualesquiera que sean las razones, la tasa de suicidios en la zona forestal se ha mantenido estable durante estos años. Más de 300 trabajadores acuden al bosque cada año en busca de los cuerpos de las personas que decidieron quitarse la vida. De hecho, esta práctica es tan popular que existen carteles de advertencia en inglés y japonés, que piden reflexión en los que buscan su destino fatal: "Tu vida es un regalo precioso que te dieron tus padres. Por favor, piensa en tus padres, tus hermanos y tus hijos. No pienses solo en ti. Habla con otros sobre tus problemas"... son algunas de las frases que se pueden leer en estos terribles carteles.

Para los estudiosos del tema, la idea del suicidio ha cambiado con los años en Japón. Si en los viejos tiempos esta costumbre era prerrogativa de los samuráis, que hacían "hara-kiri" para preservar su honor, hoy el suicidio es sólo una señal de aislamiento social en el mundo moderno.

20.   El misterioso crimen de la Dalia Negra

Uno de los crímenes más oscuros y crueles de la historia de Estados Unidos, fue el de una mujer de 22 años apodada "Black Dahlia", no ha sido resuelto incluso más de 70 años después de que sucediera.

Elizabeth Short tenía 22 años cuando, el 15 de enero de 1947, su cuerpo sin vida fue encontrado en una calle de Los Ángeles. Sorprendentemente, su cuerpo estaba cortado en dos y completamente desprovisto de sangre. Había sido colocado en una posición que recuerda a la creación del "Minotauro" del fotógrafo surrealista Man Ray. Inicialmente, debido a que estaba tan pálida, la persona que descubrió la muerte de Elizabeth estuvo tentada a pensar que solo era un maniquí de plástico dejado sobre el césped. Los peiódicos llamaron al caso "La Dalia Negra", porque en los días previos a su muerte se había estrenado la película "La Dalia Azul", que trataba de la desaparición de una chica a la que luego encontraron muerta.

Los cortes se hicieron con la precisión de un cirujano, pues ninguno de los órganos internos resultó afectado. Una sonrisa siniestra se había formado en su rostro por dos cortes a cada lado de su boca. No se encontró ni una gota de sangre donde había estado el cuerpo, lo que indica que había sido colocado allí después del asesinato.

Nueve días después del siniestro hallazgo, las autoridades recibieron un sobre que contenía una carta en la que las palabras estaban compuestas por recortes de periódicos, junto con algunas pertenencias personales de Elizabeth: su partida de nacimiento, un viejo diario al que le faltaban algunas páginas, pero también fotos. El sobre había sido limpiado para que no quedaran huellas dactilares que hubieran dado pistas sobre el remitente. En los días siguientes se recibieron varias cartas, algunas a mano, que parecían provenir del asesino. Sin embargo, no había evidencia para dar fe de su veracidad.

Un número impresionante de agentes de la ley trabajó en el caso. Se entrevistó a cientos de personas y se investigó a unos 60 sospechosos.

El primero de ellos, Robert Manley, el que la llevó al hotel Biltmore de Los Ángeles, donde se alojó en la ciudad californiana, no solo pasó la prueba del polígrafo, sino que incluso se había ido a San Diego una semana antes de la muerte de Elizabeth. El segundo, Joseph Dumais, había estado bebiendo con la muchacha en San Francisco unos días antes de que la encontraran muerta. Él confesó haberla matado, pero la evidencia mostró que estaba en una base militar el día del asesinato.

El doctor George Hodel fue sospechoso del asesinato, pero no hubo pruebas contundentes. Su propio hijo, Steve, tenía cinco años al momento del crimen. Cuando creció, trabajó como oficial de policía y, después de jubilarse, dedicó su tiempo a investigar la conexión entre su padre y Elizabeth Short.

George Hodel fue un aclamado cirujano y director de una clínica en Los Ángeles, lo que demuestra que fue capaz de mutilar a la mujer con tanta precisión. También era un Don Juan muy conocido en ese momento. Tuvo 11 hijos con cinco mujeres. Steve también descubrió algunas fotos que parecían ser de Elizabeth. Aunque en ese momento, los expertos dijeron que no era ella, en 2014, otros expertos dijeron que se parecía en un 90-95% a la joven asesinada.

En algún momento, Hodel también llamó la atención de la policía de Los Ángeles, quienes colocaron micrófonos en su casa. En las grabaciones se escucha al médico decir: "Y si yo hubiera matado a la Dalia Negra, nadie lo puede probar porque no pueden hablar con mi secretaria, que está muerta". La policía informó que faltaba la evidencia y el caso fue cerrado.

En 2012, el hijo de George, Steve Hodel, fue a la casa de sus padres con un perro rastreador, que, estimulado con el olor de algunas prendas de Elizabeth, indicó que en esa casa había estado ella. Aunque esto no indica la presencia del cuerpo de Elizabeth, ya que no fue enterrada, puede ser evidencia de que el médico no era ajeno al asesinato. Sin embargo, la policía no reabrió el caso.

######

Títulos que componen la "Enciclopedia de los misterios"

Volumen 1:
Cap.1 Personajes enigmáticos
Cap.2 Historias perdidas
Cap.3 Seres misteriosos
Cap.4 Superpoderes
Cap.5 Pasado tecnológico

Volumen 2:
Cap.1 Arquitectura intrigante
Cap.2 Culturas misteriosas
Cap.3 Fenómeno OVNI
Cap.4 Abducciones
Cap.5 El Triángulo de las Bermudas

Volumen 3:
Cap.1 Objetos misteriosos
Cap.2 Asombrosas desapariciones
Cap.3 Sucesos sin explicaciones
Cap.4 Mundo fantasmagórico
Cap.5 Hechizos y brujería

Volumen 4:
Cap. 1 Misterios religiosos
Cap. 2 Misterios científicos
Cap. 3 Animales imposibles
Cap. 4 Viajes en el tiempo
Cap. 5 Videntes y profecías

Volumen 5:
Grandes misterios sin resolver

######

www.ingramcontent.com/pod-product-compliance
Lightning Source LLC
Chambersburg PA
CBHW050602160726
48003CB00003B/1011